社会管理十讲

王宁◎主编

南方日报出版社
NANFANG DAILY PRESS
中国·广州

图书在版编目（CIP）数据

社会管理十讲 /王宁主编. --广州 : 南方日报出版社，2011.6
ISBN 978-7-5491-0231-0

Ⅰ. ①社… Ⅱ. ①社… Ⅲ. ①社会管理—研究 Ⅳ. ①C916

中国版本图书馆CIP数据核字(2011)第130628号

社会管理十讲　　王宁 主编

出版发行：南方日报出版社
地　　址：广州市广州大道中 289 号
电　　话：（020）83000502
经　　销：全国新华书店
印　　刷：广州市怡升印刷有限公司
开　　本：889mm×1194mm　1/16
印　　张：16.25
字　　数：200 千字
版　　次：2011 年 7 月第 1 版
印　　次：2011 年 7 月第 1 次印刷
定　　价：30.00 元

投稿热线：（020）83000503　读者热线：（020）83000502

网址：http://nf.nfdaily.cn/press/

目　录

而建设一个更加和谐的社会。

第三讲　风险预防与社会保障机制 / 49

中国社会保障体系正处于改革过程中，既有国家福利，也有社会保险，还引入了个人账户制，属于一种混合型社会保障。“人人共享”的社会保障体系雏形初步形成。但是，随着经济社会发展，特别是人口老龄化、城市化加速，不断对社会保障提出新的要求，形成新的压力。跨地区统筹、平价医疗等创新实践样本，呈现了在制度不完善的情况下，地方型社会保障福利改善的可能性。

第四讲　社会问题的处理与矫正机制 / 77

当前，中国社会进入了一个快速变迁的社会转型时期。这一史无前例的社会转型促使社会结构分化整合，社会运行机制转轨，社会资源和利益重新配置以及社会价值观念急剧变化，导致新旧两种体制严重对峙和激烈冲突，引发了一系列社会问题。

当前，弱势群体在规模、贫困程度和潜在影响力等诸方面，都已变得令人担忧。它对建立社会主义市场经济体制、维持社会秩序、全面建设小康社会的负面影响正在明显化。在这种背景下，建立完善的社会救助体制，对于缩小贫富差距、缓解贫困问题、促进社会公正具有重要意义。为此，我们既要坚持社会主义市场经济的方向，确保经济增长的效率，同时也要坚持社会公正的原则，加强对市场的政策干预。

当前由于我国处于社会转型时期，灾害性危机的发生率以及破坏性都高于常规时期，而我国目前在灾害性管理上还存在着思想、体制、法律等方面的不足，这就要求社会管理者能够在和谐社会的发展理念上，坚持预防为主、防治结合的治理理念，从制度上、法律上以及行政上加强灾害性危机管理的能力。

当代中国潮起潮涌的人口流动给社会的发展和管理带来了新的问题和挑战，特别是城乡之间的人口流动更呈现出独特的中国特色。随着全球化时代的到来，人口流动又添加了国际化的色彩。如何化解流动人口流动中的困境，如何打破流动人口漂泊不定的状态，帮助他们在制度层面与社区层面真正融入迁入地？这一系列问题的解决需要依赖政府的社会管理功能，需要政府尽快建立并完善流动人口社会监控管理体制。

近年来，网民“从政”、网络“问政”、官员“触网”现象频发。中国网络民意表达与采集的时代已经到来。但我国网络民意表达也存在网络谣言、网络诽谤、人肉搜索等现实问题乃至网络暴力。我们要勇于突破习惯束缚，善于创新，使网络民意趋利避害，成为拓宽社情民意表达渠道的利器。

随着中国改革开放的深入，中国社会治安管理体系经历了由“静态治安控制模式”向“动态治安控制模式”的转变，并形成了一些有效的社会治安管理体系。但在当前的转型期，许多新的社会问题凸显出来，给社会治安管理带来了新的挑战。

前 言

◎王宁

在中国，一个长久困惑人们的问题是，为什么经济增长了，人们的不满情绪却增加了。很显然，经济的增长固然是保障国民幸福的前提条件之一，却不是幸福的充分条件。国外大量的研究证明，从世界各国的数据来看，经济增长对国民幸福感增长的贡献有点儿类似抛物线：在早期阶段，经济增长与国民幸福感呈正相关关系，即是说，经济增长了，国民的幸福感也上去了；但是，经济发展到了一定的阶段以后，尽管经济仍在增长，国民的幸福感却没有同步上升，有的甚至下降了。

如果说，政府所做的一切是为了增加人们的幸福，那么，在经济发展与国民幸福感呈正相关关系的条件下，大力发展经济对于提升国民的幸福感，的确具有纲举目张的效果。在这个时期，经济发展的确如邓小平所说的，是一个“硬道理”。但是，如果经济发展到了一定阶段，国民的幸福感不增反减，那么，继续奉行GDP增长高于一切的发展战略就会出问题。

不幸的是，中国居民的幸福感曲线提早进入抛物线的下行曲线。也就是说，我们的人均GDP在世界上的排名依然很后，依然需要大力发展经济来创造人们的幸福，经济增长对国民幸福感的提升理应存在很大空间的情况下，国民（至少是一部分人）的幸福感却开始下降了。与之相对应的，就是社会矛盾与社会冲突的增多，许多人的不满与怨气增加。

中国的确到了一个必须对改革开放以来的实践进行反思的时刻。可以说，从中央到地方都在进行各种深层次的反思。早在前几年，中央就提出了建设“和谐社会”的理念，中共中央政治局委员、广东省委书记汪洋则在最近提出了建设“幸福广东”的口号。中国社会从上到下都明白了这么一个道理：经济发展是手段，而不是目的，它的目的是增进人民的普遍幸福。

中国居民的幸福感没有同目前经济增长同步增长的原因很多，但肯定同我们的发展战略的阶段性局限有关。一方面，尽管我们强调经济增长，但我们的经济发展模式是有缺陷的。我把我国过去30多年来，尤其是20世纪90年代以来所实践的发展模式称为“低成本发展模式”。它包括“五低”：低劳动力成本、低城市拆迁成本、低社会福利成本、低产品质量保证成本、低环境污染成本。这种发展模式使得我国在全球经济竞争中具有很强的比较优势，也使得我国的经济连续多年保持快速增长。但是，这种发展模式并不是高效益、高质量的，它的速度是建立在透支资源与压制个人权利的基础上的，即建立在政府和企业削减其“义务性必要成本”的基础上的，因此它名义上是“低成本”，但实际上是“高代价”的发展模式，只不过它所付出的代价没有纳入国家统计数据，但事实上变成了全社会为之买单的隐性代价。为这种低成本发展模式的高代价买单，正是不幸福的根源之一。事实上，很多不和谐的事情都同这种发展模式有关。例如，城市拆迁就是引起群体性事件的最主要的原因之一，也构成居民上访的最主要的内容之一。再比如，由于收入分配过于向政府和企业倾斜，导致收入分配两极分化，大部分民众未能同步分享改革开放的成果。在这种状况下，不论GDP的“蛋糕”做得多大，都与大部分民众没有太大关系，因为增量“蛋糕”的大头落入了既得利益集团和少数人手中。而低产品质量保证成本和低环境污染成本更是从根本上威胁了我们的生存。这种发展模式不但不可持续，而且使得民众怨气增加。可以说，继续奉行这种低成本发展模式，将不可避免地引发越来越多的社会矛盾和社会冲突，导致社会的不和谐和许多人的不幸福。

另一方面，自20世纪90年代的市场化改革以来，我们过于强调经济增长，而忽略了社会保障与福利的建设，忽略了社会板块的培育、建设与管理，在经济与社会两条腿中，经济之腿长，而社会之腿短。换言之，我们强调了经济发展，但忽略了社会发展。社会管理的滞后，正是我们忽略社会发展的结果。而社会建设与社会管理的滞后，又反过来拖累了经济发展。更重要的是，社会发展与社会管理的滞后，成为社会不和谐与居民不幸福的根源之一。例如，城市在社会保障与福利上对农民工的社会权利的排斥，就构成社会不和谐的原因之一。而社会保障，尤其是医疗和住房保障的不足，成为许多居民不幸福的原因之一。

不论是从经济发展模式的特点来看，还是从“社会短板”（社会建设滞后于经济建设）来看，社会建设与社会管理无疑已成为目前最值得重视的问题之一。也正是在这样的背景下，从中央到地方政府都开始强调社会建设与社会管理的重要性。政府的这一政策表态，无疑是一个非常积极的信号，预示着政府在继续发展经济的同时，将投入更多的人力、物力和财力来进行社会建设和社会管理。社会管理则是社会建设中的重要内容和抓手。

什么是社会管理？目前尚未形成统一的定义。社会管理显然不是组织管理（如企业管理），而是事务管理。按照我的理解，社会管理的“管”主要是指“负责”，“理”指的是调节、处理和供给。因此，不能把“社会管理”理解成去“管社会”或去“控制人”，而应该主要理解成“提供服务”，即为满足人们的社会需要而进行的社会服务的供给、社会事务的处理和社会关系的调节的过程。通常有两个办法来界定社会管理。一个叫做“剩余法”，它指人们把那些不能在传统意义上归入政治、经济、文化部门的事务划归到“社会管理”的领域，即是说，“社会”是政治、经济、文化领域之外的剩余领域。例如，家庭暴力，吸毒，邻里与社区事务，对鳏寡孤独、老弱病残、灾民与贫民的帮扶与救助，等等，都属于社会管理的领域。但是，这种界定法的困难在于，许多划归到政治、经济、文化领域的事务也会以某种形式转化为社会管理的事务。例如，农民工的薪水问题本来属于经济领域的问题，但由于老板拖欠，导致农民工采取极端的方式来讨薪，就转化成社会问题。因此，社会管理的界定还须借助另外一种方法，即“衍生法”。它指政府或社会组织对那些从政治、经济与文化领域中衍生出来的社会问题和社会事务的处理和解决过程。它不但重视事后管理，而且强调事先预防。

社会管理的实质在于把人看作是一个有着社会需要的人。人之所以不能离群索居，是因为个人或家庭不能满足自己的所有需求。例如，任何个人或家庭都会面临可预见的风险（如衰老）和不可预见的风险（如灾害、疾病），为了应对这些风险，个人或家庭就得事先做好准备。但个人或家庭为应对风险所作出的准备成本太大，有时根本无力应对这些风险。如果结合众人的力量一起来应对这些风险，则不但应对能力提高，而且个人或家庭为此而进行准备的成本也将大大降低，因为风险被分散了，摊到每个人身上的准备成本降低了。这种需要借助他人的力量来提高应对风险的能力，就是个人或家庭的社会需求。这一例子说明，要满足人们的社会需求，单靠个人或家庭自身的努力是不够的，需要政府或社会组织出面。至于究竟是依靠政府来直接提供社会服务，还是借助市场或社会的力量来提供社会服务，则是另外一个层次的问题（供给方式的问题）。无论如何，政府不能撇开人们的社会需求不顾，不能卸去自己应尽的责任，不能只顾GDP和财政收入的增长而不顾人们的社会权利的保障。为满足人们这些社会需求而提供相应的社会服务的过程，就是社会管理的精髓所在。在某种意义上，社会管理在于把人们组织成一个“大家庭”，把相互帮助的精神制度化、普遍化、专业化。在这种“人人为我，我为人人”的氛围中生活，人们就会感觉到大家庭的温暖，就会增强社会认同感。相应地，人们也会提升安全感和幸福感。

当然，社会管理是需要成本的。因此，它需要经济发展作后盾。如果经济落后，社会管理就会成为无米之炊。但是，经过30多年改革开放，我们现在所面临的不是财力不足的问题，而是价值理念的问题。如果说，在计划经济时期，国家对城镇居民的社会需求采取大包大揽的做法显得“有心无力”，那么，我们今天对居民的社会需求的态度更像是“有力无心”。这种有力无心的体现之一就是上面所提到的“低成本发展模式”，其中所包括的一个降低发展成本的做法，就是20世纪90年代末实行的降低政府在社会保障与福利上的财政投入比例。

加强社会建设与社会管理，就是要从根本上改变过去那种见物不见人的倾向。当然，说实话，谁都知道人在经济发展中的作用。但在经济视野中的人只是人力资源，是生产要素，或者是产品购买者。这样的人只被看作是经济系统中的（活的）物件，是实现经济增长的手段（劳动力）或实现产品利润的工具（消费者）。这种把人降格为物或工具的做法很容易导致轻视人的尊严和权利。为了维持劳动力成本低廉的比较优势，不论是政府还是企业都希望把最低工资标准尽可能压低。为了降低生产成本，企业不愿投入足够的成本以确保产品质量或确保不污染环境，政府也不愿对本地的假冒伪劣产品的加工制造或对企业的环境污染行为进行严格执法。为了本地GDP数据的增长，政府更愿意把公共财政的很大一部分用于经济建设或投资，而不是用于社会保障和福利的建设。于是，尽管经济指标增长了，但劳动者、消费者或公民的正当权利却常常受到削弱。而权利被伤害者必然会采取这样那样的措施来维护自己的权益，当正规制度没有有效地维护他们的正当权益，他们或者忍气吞声，或者在忍无可忍的状况下采取极端的方式来维权（如被欠薪的农民工用声称要跳楼的方式来讨薪）。许多社会问题的出现，就是源于我们的制度设计缺乏对个体权利的尊重和保护。

尽管现在从上到下都重视社会建设与社会管理，但并非没有隐忧。许多人把社会管理当作“维稳”的工具，而忘记了社会管理的根本宗旨。社会管理的根本宗旨是服务，是保障公民的社会权利，是满足人的社会需求，是把人当作目的而不是当作手段。但现在有这样一种理解：社会管理就是尽可以按过去的老套路来做事，因为出了乱子有“社会管理”的专人来给兜着。要是这样来理解的话，那就不可能真正搞好社会管理。

究竟如何来搞好社会管理，并没有一个现成的答案。西方发达国家有许多成熟的经验可供借鉴，但我国的一些独特情况也不能不加以考虑。目前国内学者正在对社会管理进行探索，提出了不少有价值的观点。可以说，社会管理对本书作者而言也是一个陌生的领域。因此，本书的作者是抱着学习的态度来编写此书的。本书的初衷是对国内同行的研究成果进行综述（当然也包括作者自己的研究心得）。在援引他人观点时，本书都明确注明出处。

本书一共十讲。对这些内容的安排，遵循的是现实问题和应用导向的标准，即选择国内社会领域的突出问题及其相应的社会管理机制进行专门论述。本书由我拟定提纲，然后分给各讲作者去分头写作。第一讲对社会管理的基本概念进行讨论，第二讲论述利益诉求与社会矛盾和冲突的化解机制，第三讲讨论风险预防与社会保障机制，第四讲分析社会问题的处理与矫正机制，第五讲对弱势群体的救助与扶助问题进行研究，第六讲对灾害与社会应急机制进行论述，第七讲探讨流动人口与社会监控机制，第八讲对网络民意的采集与管理机制进行分析，第九讲对社会治安与社区管理机制进行了阐述，第十讲则探讨了社会自我管理的机制。

最后，衷心感谢南方日报出版社周洪威社长、谭庭浩副社长、刘志一主任、付惠平编辑对本书写作的大力支持和鼓励，感谢他们对本书的出版所付出的大量心血。由于本书作者学识有限，同时也由于写作时间短，本书一定存在很多不足与错误，恳请读者不吝指教。

2011年6月25日于中山大学

第一讲

社会转型期的社会管理及其价值理念

>>

社会管理是维持社会秩序稳定，实现社会和谐的基本保障；是缓解社会矛盾，解决社会问题的必要途径；是凝聚社会力量，促进社会发展的前提条件。社会管理与社会建设是中国特色社会主义发展的必然选择，其经历了单位制向后单位制社会管理模式的转变，与我国的经济现代化向社会现代化的过渡密不可分。社会转型时期的社会管理应该坚持的价值理念有：稳定的社会秩序，公平正义的价值选择，公民权利的实践路径，社会主义和谐社会的总体追求等。

在改革开放以前乃至初期，“社会管理”在很多中国人看来还是有些陌生的词语，却在近几年逐步火热起来。那么，为什么要进行社会管理？中国的社会管理道路经历了什么样的过程？社会管理应该坚持的价值理念有哪些呢？

《辞海》中对“社会”的解释是“以一定的物质生产活动为基础而相互联系的人类生活共同体”①。马克思和恩格斯指出：“市民社会这一名称始终标志着直接从生产和交往中发展起来的社会组织，这种社会组织在一切时代都构成国家的基础以及任何其他的观念的上层建筑的基础。”②也就是说，社会是国家的基础和发展的根本。所谓社会管理，“是指以维系社会秩序为目标，通过政府主导、多方参与，运用多种资源与手段，规范社会行为、协调社会关系、解决社会问题、化解社会矛盾、促进社会公正、应对社会风

①《辞海》1999年版（缩印本），上海：上海辞书出版社，2000年版，第4488页。

②《马克思恩格斯选集》第1卷，北京：人民出版社，1995年版，第130—131页。

险、维护社会稳定，促进社会和谐的活动和过程”[①]。其具体内容包括：“基层社区管理、社会事务管理、流动人口管理、民间组织管理、突发事件应急管理以及党和政府主导民众维权等。”[②]

转型时期社会管理的必要性主要体现在以下几个方面：

一是社会管理是维护社会秩序稳定、实现社会和谐的基本保障。社会秩序的稳定是人类社会能够持续存在的基本条件，社会和谐是建设中国特色社会主义的目标所在。调查表明，老百姓最关心的是与自己生活密切相关的问题，如就业、教育、医疗、社会保险、公共安全等直接关系到人心安宁和社会稳定。这些问题的解决就要通过有效的社会管理来完成。不同社会形态下所采取的社会管理方式有着很大的区别，社会主义社会不同于以往的任何社会类型，尤其是中国特色的社会主义社会，更是依靠以人为本的管理理念来体现其社会管理的进步性。如广东省的社会保障体系建设一直走在全国前列，初步成型的社会保障体系成为推动广东经济快速发展和社会稳定的关键性因素之一。

二是社会管理是缓解社会矛盾、解决社会问题的必要途径。改革开放30多年来，中国的经济发展举世瞩目，综合国力大大提升，人们的生活水平有了根本上的改善和提高，这是中国特色社会主义道路的正确性和党领导先进性的重要体现。但是，随着经济建设的推进，中国的社会矛盾和社会问题也开始不断出现，并呈现出鲜明的时代性特点。如2011年4月中石化广东分公司爆发的“天价酒”事件反映出国企垄断行业的高收入、高消费带来社会反感情绪累积的问题，“我爸是李刚”之类的“官二代”、“富二代”事件引起的舆论讨伐和社会公愤问题。近年来一些地方出现劳资纠纷、规模

①杨海蛟：《充分发挥中国社会管理的优势》，《中国社会科学报》，2011年3月3日第8版。
②张春海：《社会管理研究成为新热点》，《中国社会科学报》，2011年3月3日第6版。

性群体性事件，危害社会稳定，影响社会发展，甚至损害了人民对社会主义制度的信心和党的形象的问题等。这些社会矛盾和社会问题阻碍了生产力的发展，给国家政权带来了危机，给中国社会埋下了隐患，给人民生产生活带来了不稳定性变化，影响到国家形象和国际交往。解决这些矛盾和问题，其中重要的手段就是改善社会管理水平。要对社会矛盾和社会问题进行深入调研，了解其本质和规律，随着社会发展进程不断总结提高社会管理经验，才能掌握社会管理的主动权。

三是社会管理是凝聚社会力量、促进社会发展的前提条件。北京奥运会、上海世博会、广州亚运会等重大社会活动举办时需要灵活高效的社会管理机制统筹安排，国家或地区遇到地震、海啸、洪水等突发性自然灾害时，需要及时动员社会力量进行救灾重建。社会管理不仅解决社会问题，还需要改善管理效益。社会管理的目的是不断整合社会资源，提高管理的水平，从而促进社会建设和发展。社会是人的社会，社会力量的多元化是当代社会的重要特征，社会管理就是尽量将各种利益进行平衡协调，以调动各方积极性和主动性，取得最大化的社会效益，促进中国特色社会主义事业的不断进步和发展。①

一、从单位制到后单位制下的社会管理

（一）单位制社会管理的特征

新中国成立以后，打破了传统的宗族制度，逐步形成国家主导、单位为主体的社会管理体系。②这是具有中国特色的社会管理模

①参见盛美娟：《中国社会转型与社会管理方式创新研究》，《兰州学刊》，2008年第12期。

②参见郭虹：《从单位到社区——社会管理体制的变革》，《经济体制改革》，2002年第1期，第35页。

式，其主要特点是：

一是单位是国家实现社会管理的基层组织。中国国情的复杂性决定了社会管理的重要性。国家要想实现对社会的有效管理，必须从实际出发，选择合适的组织形式开展管理活动。中国共产党在长期的革命战争实践中总结出“支部建在连上”的军队管理传统，对于开展思想政治工作和保证部队的战斗力起到重要作用。新中国成立初期，政府对于社会管理的理念是要保证“集中力量干大事”的社会主义优越性得以体现，将单位作为基层组织开展“条块结合”形式的政府管理活动，人、财、物等都通过单位实现调取和分配，取得行之有效的效果。在当时经济条件极其落后的情况下，人民大会堂只用了短短的十个月时间就胜利完工。

二是单位是个人生产生活的基础。中国文化传统强调个体对国家的服从和牺牲，国家有责任为个人的生存提供保障。新中国社会主义制度建立早期更是突出国家对公民的保障义务，每个人的吃、穿、住、用、行乃至生老病死等几乎人生的所有事务都被纳入单位管理的范畴。个人有义务向单位报告几乎一切个人情况，单位也视为个人负责为理所当然的事情。如原来的大学生就业完全是国家包办，不存在自己找工作的问题，所有人都是“我是革命一块砖，哪里需要哪里搬”。

三是单位功能呈现出无所不包的总体性特征。单位制下的社会合作就是单位与单位之间的交流，个人之间的事务要么是单位的管理范围，要么是单位之间的关系问题。最典型的表现就是人们相互之间问询的第一个信息往往就是“你是哪个单位的”，体现出人不仅是社会人，更重要的是单位人，脱离单位的人无法在社会上立足。单位组织形成了封闭的共同体，组织之间的交流相对来说严重缺乏。也就是说，这种管理体制使得整个社会实际上就是两极结构，即国家与单位。单位的功能没有分化，其不仅是经济组织，还是政治组织、社会组织等，呈现出总体性特征。[①]

（二）单位制社会管理的历史作用

单位制社会管理的历史背景与中国的国情密切联系，它是计划经济下的产物。这种管理体制是近现代历史上中国共产党军事管理体制的延续，是苏联管理体制影响下的结果。其在特定的历史时期发挥了重要的作用。

一是经济上。新中国成立初期，中国的经济实力落后，水平极其低下，经济资源稀缺，但是经济发展的任务繁重，人民生活负担沉重，仅仅依靠个体力量很难实现经济的快速发展，单位制的实行对于新中国成立初期凝聚人心，集中资源，迅速地实现国民经济恢复和重建，寻求关键领域的突破式飞跃，起到了不可替代的作用。

二是政治上。新中国建成初期，中国共产党要进行长期的政治动员和政治基础的夯实工作，以保证方针政策的贯彻实施，单位制对于国家政治战略的实施有着重要的历史意义。

三是社会上。中国近代以来长期的战争对于整个社会生产力的破坏十分明显，大量的中国人个体生活处于前途无望、无力回天的状态之中，需要国家和政府将其集中起来，为其提供生活保障，发挥其个体能量，一方面为国家出力，另一方面稳定社会秩序。

（三）单位制社会管理的后果

单位制社会管理体制在我国的实行起到了其应有的历史作用，但是随着社会发展，其带来的社会后果也越来越突出[②]，主要表现

①参见崔月琴：《后单位时代社会管理组织基础的重构》，《学习与探索》，2010年第4期。

②参见何海兵：《我国城市基层社会管理体制的变迁：从单位制、街居制到社区制》，《管理世界》，2003年第6期。

在：

一是束缚了社会主体的活力发挥。社会主体既包括公民个体，也包括社会组织等其他主体。社会的发展归根到底要依赖于社会主体的积极性和主动性，如果公民以及社会组织等不能充分地发挥自己的创造性进行社会主义建设，那么社会发展效率将会受到极大的限制和制约。

二是政府的社会管理压力逐步增大。随着全球化进程的加速，各种风险因素不断增加，新的社会矛盾和问题出现的频率越来越高。如近些年来，中国流动人口大规模增加，给全国治安和人口管理带来的挑战与原来计划经济时代不可同日而语。单位制的社会管理模式使得政府对社会的一切事务都负担在身，难以适应快速变动的社会形势，从而使得社会矛盾和问题不断积累，给国家整体的发展带来阻碍。

三是不利于国际交往和对外开放。世界经济一体化已经成为时代潮流，任何国家和组织都需要适应这种变化，主动地进行对外交往和活动，从而在发展中获得机遇和未来。但是，单位制社会管理模式对于公民以及组织的控制，使得其不能获得对外交往的自主权，从而有可能丧失对外竞争中的先机地位。

党的十一届三中全会召开以来，我国的经济建设步伐不断加快，政治体制改革逐步推进，中国的社会管理体制也开始面临变革的处境。其主要原因在于：

一是社会主义市场经济体制的建立。计划经济体制下，单位是社会管理和资源配置的主要组织形式。但是，自20世纪90年代初期，我国开始逐步确立社会主义市场经济体制，以市场作为资源配置的主要手段，提倡市场化的价值理念。21世纪初中国加入世界贸易组织，市场化的经营理念更是深入人心，单位制社会管理运行的社会基础已不复存在，不能适应当代社会的变化。

二是政府管理理念的改变。不同国家在不同历史时期需要采取不同的管理理念。在我国社会主义建设初期，为了巩固政权，强化政治体制，必须采取控制型管理方式。但是，随着经济发展，时代进步，中国社会发展已经进入到中国共产党长期执政时期，必须转变管理思路和政策，逐步建设服务型政府。

三是全球化风险社会的来临。全球化已经成为时代特征，没有任何国家能够摆脱全球化的影响，而且全球问题越来越显示出风险性特征。“3·11”日本大地震不仅给日本人民带来了危机和灾难，也给相邻国家或地区带来诸多影响，甚至波及到全球资本市场的变动。要解决各种各样的风险问题，必须建立起适应时代发展的社会管理体制，单位制社会管理的封闭性特点不能与时代接轨，需要做出根本性变革。

四是科学技术的更新发展。科学技术是第一生产力。当代科技的力量已经不再局限于传统的生产范围，已经渗透到人类生活的方方面面，尤其是网络信息技术，给当代社会管理带来的冲击作用十分明显。人们之间的生产、生活方式发生着巨大变化，出现了很多“网虫”、“网络粉丝”等，人与人的社会关系也在科技发展中不断重构。这种建立在新技术基础上的社会结构需要新型的社会管理模式来推动变革，后单位时代的社会管理在时代大背景下呼之欲出。

（四）后单位制社会管理的要求

后单位制社会管理是在社会发展的过程中出现的，其必须适应时代的发展要求，主要体现在以下几点：

一是要从控制型管理转变为服务型管理。单位制管理的行政命令色彩浓厚，公民基本处于科层制的管理体制之中，上下级关系分明，体现出指令与服从的互动模式。后单位制社会管理需要改变这种状况，从控制型走向服务型，突出管理者与被管理者之间的平等互助关系、协商会谈关系、友好合作关系，要将公民的主体性充分发挥出来，群策群力，调动其积极主动性，才能适应新时代的新要求。现在有些地方政府改变过去“关门办公”的做法，将社会管理的经费收支、人员任免、建设效益等情况都进行较大范围的公示，增加透明度，收到良好的社会效果和管理效应。

二是注重社会管理的参与性特征。单位制社会管理任务基本属于国家和政府，其权力和义务过于集中，既给管理者带来不堪重负的责任，也不利于被管理者监督权利的发挥。后单位制社会管理要分担权力和义务，让管理者与被管理者共同参与管理的过程，使之成为交流互动的桥梁或平台，既减轻管理者负担，也体现出被管理者的权利，有利于提高管理效益。如政府出台政策之前，召开利益相关方的听证会，充分发挥政府网站与民众互动功能，及时反馈信息和要求，就能够体现参与式管理的优势所在。

三是体现社会管理的和谐发展趋向。单位制社会管理的主要任务是实现经济和政治的目标，集中力量和资源，以求政治社会稳定和人民生活水平提高，其经济和政治职能要求突出，社会职能薄弱。后单位制社会管理需要转变思路，将经济、政治、文化、社会等多方面职能统一起来，不再以某种单一指标作为任务，追求经济活跃、政治稳定、文化繁荣、社会的和谐发展。如很多地方政府已经将原来唯一的GDP考核指标转变为多元化的社会指标，广东省更是直接提出了建设“幸福广东”的口号，体现出和谐发展的政府导向作用。“幸福广东”口号的提出，代表的就是社会发展观的转变，是从单纯追求经济现代化向社会现代化转型的典型表现。

（五）后单位制社会管理的模式

单位制向后单位制社会管理逐步过渡是大势所趋，但是后单位制社会管理应该采取什么样的模式一直还处于探索之中，并且随着社会的发展其管理模式将会不断更新和完善。从目前的学术研究和政府实践来看，倾向于采用社区制社会管理模式。所谓“社区”是指德国社会学家滕尼斯提出的，具有共同价值取向的同质人口组成的关系密切的社会共同体。我们国家广泛使用这一概念是1986年，21世纪以来社区建设在全国范围内开展力度不断加大，社区制开始逐渐成为后单位制社会管理的主要模式。[①]其主要特征表现在：

一是注重人文关怀精神。社区制从提出开始，就十分注重社区成员之间的人情社会关系取向，与单位制社会管理的区别在于其不再仅仅是管理系统的环节，而且更是社会互助的桥梁。

二是突出社区主体作用。居民是社区的主体，是社区发展的动力所在。单位制管理中居民大多数是处于被动服从状态，不能充分发挥自己的主动创造性。社区制对于人自身的解放作用比较明显。如江苏省试点借助民众管理“城中村”问题，有效克服了政府管理的单一性。2005年，深圳实施《深圳市社区建设工作试行办法》，设立社区工作站，承接从居委会剥离出来的行政性工作，推动居委会“去行政化”，在回归其群众自治组织的本来属性的同时，大力推行居委会直接选举，也是充分发挥居民主体作用的体现。

三是加强政府与社区的合作式管理。单位制社会管理中，政府总是处于绝对的领导地位，政府与单位两者之间的关系是不对等的。但是，社区制管理中政府不再是唯一的管理主体，社会组织的多元化使得管理关系逐步走向合作共赢的道路。佛山顺德某街道经历了“简政强镇”事权改革试点，政府提出向社工组织购买服务的设想，招聘现代社工协助政府处理社区事务，在一定程度上减轻了

①参见何海兵：《我国城市基层社会管理体制的变迁：从单位制、街居制到社区制》，《管理世界》，2003年第6期。

政府的社会管理压力。

四是强调人的全面发展目标。人的自由全面发展既是马克思主义的价值理想，也是中国特色社会主义社会建设的目标指向。社区制社会管理的目的不是压制个体来适应社会，而是在个体与社会发展之间找到共同进步的方式方法，其最终还是为了实现人的自由全面发展。

（六）后单位制社会管理的发展

单位制的出现与消退都是不同历史时期的必然选择，在从单位制向后单位制社会管理过渡的过程中，需要采取各种措施加快社会管理模式的转变，着重的几点在于：

一是后单位制社会管理的投入问题。任何社会管理都需要一定的经济保障，没有投入和经费来源渠道的管理模式注定不会长久。单位制下经费基本是由国家负担解决的，但是后单位制下主体的多元化决定着必须拓宽收入来源，多途径构建长效机制才能使得新时期社会管理的效益最大化。近年来中国民间慈善家和慈善组织的兴起代表着社会慈善投入的途径开始从政府走向社会，但是其运作问题还需要进一步完善。

二是后单位制社会管理的利益协调机制问题。当代社会管理已经与单位制时代有着很大的区别，如何平衡协调多方利益力量就成为后单位制社会管理的突出问题。利益协调机制的重点在于既要体现经济发展过程中的贡献与价值，也要兼顾社会财富的均衡分配。如劳资纠纷问题具体到不同性质的行业需要不同的协调机制。最近几年城市房价一直高居不降，从事房地产行业都迅速积累了大量财富，但是这是以很多居民多年积蓄为代价的经济增长，需要政府介入协调，以避免行业收入差距越来越大，影响社会稳定。

三是后单位制社会管理的手段运用问题。单位制社会管理主要以行政手段管理为主，简单而直接。但是，后单位制社会管理必须将经济、法律、道德、行政等多种方式和手段结合起来，灵活运用，才能取得良好的管理成效。如广东创新社会管理机制，推动户籍管理制度改革，建立县镇村三级综治信访维稳中心，推行“网上信访”、“手机信访”等，深入推进“平安广东”、“和谐广东”建设。

二、从经济现代化到社会现代化

当代的社会管理经历着从单位制向后单位制过渡的历史时期，这种过渡是与我国整个社会的发展走向分不开的。中华人民共和国成立以来，经济发展在曲折中前进，一直到改革开放以后，中国确立以经济建设为中心的发展路线，在探索中走出了一条适合中国国情的经济现代化发展道路。

（一）经济现代化的历史意义

人类要生存和发展，就必须从事经济生产和合作，任何时代的经济状况都会影响或决定着人自身和社会的状况。只有经济实现了现代化，民族国家才能自立于世界强国之林，才能保障自己国民的生产与生活。无数的历史事实告诉我们，经济上的落后必然会带来政治、文化、军事、外交等一系列的牵制和制约，而经济实力的增长必然会带来其他领域的进步和发展。

经济现代化对于中国的意义在于：一是改善人民经济利益，提高人民生活水平。中国共产党从一开始就把人民利益放在第一位，紧紧依靠人民才能实现国家政权的巩固和中国特色社会主义建设事业的长期发展。二是显示社会主义制度的优越性和生命力。社会主义的优越性不能靠口号来实现，必须在经济实力上证明自己的制度优势和特色，才能使社会主义制度在全世界有着广泛的影响力和长久的吸引力。三是实现中华民族的腾飞之路。近代以来，中国长期陷于列强豪取巧夺之中，其根本原因是国力羸弱，经济落后，才会备受欺凌。中华民族要想重新走上腾飞之路，必须在经济上迎头赶上，占据先机，才能与其他国家平等对话，为世界的发展做出自己的贡献。

（二）经济现代化的特色之路

2010年中国的GDP总量超过日本，位居世界第二位，令国人欢欣鼓舞。在经济现代化的道路上中国经历了挫折和磨难，近30余年的经济体制改革虽然有些许起伏和危机，但是事实向世界宣告了中国特色社会主义道路的正确性。这条道路归纳起来有几点经验：

一是中国共产党的领导是坚强保证。13亿人口的大国，没有党领导的建设和发展道路是不可想象的。任何国家的政党制度都必须立足于本国实际国情之上，中国共产党的领导地位是历史和人民的选择。

二是改革开放政策的实行是关键选择。“事实雄辩地证明，改革开放是决定当代中国命运的关键选择，是发展中国特色社会主义、实现中华民族伟大复兴的必由之路；只有社会主义才能救中国，只有改革开放才能发展中国、发展社会主义、发展马克思主义。”①

三是中国特色社会主义理论的指导是强大动力。任何革命和建设都需要理论的指导，没有正确的理论就不能认清形势，把握规律，找到正确的方向。中国共产党人在长期的社会主义建设道路探索过程中，不断总结经验教训，既坚持马克思主义基本原理，又在

①胡锦涛：《高举中国特色社会主义伟大旗帜，为夺取全面建设小康社会新胜利而奋斗》，北京：人民出版社，2007年版，第11页。

实践中发展马克思主义，使中国特色社会主义理论成为全党全国人民团结奋斗的共同思想基础。

（三）经济现代化的问题与后果

中国的经济现代化道路已经走上了正轨，综合国力大大提升，国际影响日益扩大，但是经济发展过程中的社会问题也开始不断出现，给中国未来的发展带来了诸多困难和障碍，表现在：

一是社会分层日益明显，贫富差距日益扩大。经济发展过程中，一部分人先富起来了，但是出现的分化问题突出。人们之间因为金钱、地位、职业等开始分为不同的群体，这些群体之间的割裂现象日益严重，积累了社会不良情绪。很多人金钱至上，信仰缺失，价值观扭曲，出现了为了钱不顾“礼义廉耻”的多种现象。部分“富人”没有基本的社会责任感，公开将物质财富作为炫耀的资本，引起社会底层民众的反感和不满。

二是人口、资源、环境压力越来越大。人口问题主要表现为人口与经济增长之间的矛盾。中国的城市人口压力带来的交通、住房、治安、就业等一系列社会问题越来越突出。如广州市常住人口已达到1200多万人，庞大的人口规模不仅直接影响城乡居民人均收入水平，也给公共财政和社会管理造成了巨大压力。同时，经济发展过程中，需要消耗大量的资源，给自然环境造成了巨大的污染和破坏，人与自然之间的关系不断恶化。

三是城乡、区域经济社会发展不平衡。中国地域广阔，各地资源条件不等，经济基础差距很大，城乡之间历史遗留问题难以在短时期内解决，长期的社会管理缺位导致经济社会发展不平衡。

四是社会教育、医疗、腐败、治安、就业、保障等关系国计民生的社会问题层出不穷。社会问题中最突出、最引起关注的就是民生问题。“不患寡而患不均”的当代意义突出，因为相互之间资源不平等分配所带来的一系列问题最容易引起民愤和民怨，社会泄愤事件频发带来的危机感需要引起足够重视。城市中出现“漂族”、“蚁族”现象，反映出就业压力不断增大。部分城市“黑社会”组织为了追逐暴利，长期操纵、控制地方经济现象，引起社会不安和民心不稳等。

经济现代化的历程给我们的启示是一方面继续坚持改革开放路线不能动摇，走中国特色的社会主义道路，早日实现中华民族的崛起；另一方面要转变经济发展方式，调整经济结构，逐步实现经济现代化与社会现代化的同步发展。

（四）社会现代化的必然要求

社会现代化的提出有其历史背景和现实依据。中国特色的社会主义道路不仅包含经济现代化，也包含社会现代化的发展道路。

一是社会现代化是中国道路实现可持续发展的必由之路。盲目追求经济总量和速度的增长带来的负面效应有目共睹，要想能够继续保持良好的经济和社会效果，就必须注重可持续发展。所谓可持续发展就是不仅注重当代人的发展需要，也必须考虑后代子孙的发展要求，不能以损害下代人发展能力为代价来追求当代的发展。可持续发展原则注重人与人、人与自然、人与社会之间的协调关系，将经济发展与社会发展统一起来，实现经济与社会的双重现代化。

二是社会现代化是更高层次的社会转型。人类经济发展在不同的历史时期必须确立不同的社会结构体系和社会发展目标。工业革命以来，世界各国一直把经济飞速发展作为繁荣富强的根本路径，在经济快速发展中形成了畸形的社会结构，造成了人口危机、环境危机、生态危机等一系列社会问题。信息社会要将经济与社会现代化结合起来，整体上实现社会发展的良性循环。

三是社会现代化是时代发展的大势所趋。随着经济全球化进程不断加快，社会分工和社会交往在全世界范围内展开，没有国家或地区能够不受全球化浪潮的影响。世界范围内经济与社会危机联为一体，“牵一发而动全身”，民族历史开始向世界历史转化，这是社会现代化的趋势和结果。

（五）社会现代化的内涵特征

社会现代化的基本内涵是：“①从农业社会向工业社会、从工业社会向知识社会的两次社会转型；②社会生产力和生活质量的持续提高；③生活方式和观念的深刻变化；④国民文化和健康素质的大幅提高；⑤国内社会福利与社会公平的根本改善；⑥国际社会地位的变化。”[①]社会现代化是社会领域的革命性、整体性的变迁和发展，它是一个长期的、持续的历史性过程。其主要特征有：

一是将人的发展与社会发展相统一。经济的发展最终是为了人的发展，社会现代化的重要特征就是人的现代化。所谓“人的现代化”是指“在现代化建设进程中，人的全面、协调发展的状况与过程”[②]。人始终是社会的主体与目的所在，没有人就没有社会，社会是人的社会。人在社会中获得自己发展的资源，社会在人的发展中不断获得新的提升。

二是坚持科学发展观的指导。科学发展观是从我国社会主义初级阶段的基本国情出发，总结我国历史发展过程中的经验教训，吸收其他国家发展过程中的成就和问题，适应现代社会发展特征而提出的指导思想。它是马克思主义关于发展的世界观和方法论的集中体现，是中国特色社会主义理论体系的重要组成部分，“是我国经济社会发展的重要指导方针，是发展中国特色社会主义必须坚持和

①何传启：《中国社会现代化的战略思考》，《理论与现代化》，2006年第6期。
②郑永廷等：《人的现代化理论与实践》，北京：人民出版社，2006年版，第7—8页。

贯彻的重大战略思想”[①]。

三是建设和谐社会。党的十六届四中全会确定把构建社会主义和谐社会作为发展的主要目标之一。和谐社会理念是社会现代化的具体体现，它是针对我国在经济现代化发展过程中遇到的问题而指出的正确方向，它为经济现代化规定了发展的目标、模式与路径。和谐社会所实现的是人与人、人与社会、人与自然之间以及经济、政治、文化之间的全面和谐，人人有责、人人共享的社会现代化未来图景。

（六）社会现代化的中国道路

要想实现中国的社会现代化，应该从以下方面着手建设：

一是转变经济发展方式。经济增长和发展方式的转变不仅关系到经济效益的提高，而且关系到经济社会的转型。不改变传统的经济增长方式，就不可能实现经济和社会的现代化。我国的经济发展要逐步实现从过去追求量的增加到提高经济发展质量的转变。其主要方式是从依靠高投入、高产出的经济增长，到依靠科技进步和创新，优化经济结构、降低能耗、提高资源利用效益，从而实现速度、质量、效益，人口、资源、环境以及经济、政治、社会的协调发展。广东省近两年来加快转变经济发展方式，强调产业转型升级，推动产业和劳动力“双转移”，“腾笼换鸟”成效显著，生态环境有明显改善，在探索科学发展的道路上取得了良好成效。

二是构建社会管理机制。从经济现代化到社会现代化的过程中，社会建设的任务逐步加大，而要加强社会建设，就必须强化

①胡锦涛：《高举中国特色社会主义伟大旗帜，为夺取全面建设小康社会新胜利而奋斗》，北京：人民出版社，2007年版，第13页。

社会管理机制。新时期社会管理机制建设必须从社会的时代特征出发，不能简单延续计划经济下“老一套”行政管理模式，必须建设与市场经济相适应，协调各种社会关系，实现社会资源合理有效地配置，以实现“最大限度激发社会活力、最大限度增加和谐因素、最大限度减少不和谐因素”的总体要求，建立“党委领导、政府负责、社会协同、公众参与的社会管理格局”。北京已经基本形成城乡一体的公共服务体系、全面覆盖的社会管理体制，“三位一体”的社区建设规范化模式，“枢纽型”社会组织管理模式，“社工+义工”的社会动员和社会服务联动模式。近年来，城市经济建设拆迁过程中，采用简单粗暴的执法手段往往容易激化矛盾，造成严重后果，需要转变执法理念，多管齐下，求得良好的社会管理效应。

三是加强社会组织建设。社会组织是社会建设的主力军，它是为了一定目标而集合起来的社会群体。广州亚运会的成功举办离不开广大志愿者的贡献，应该将志愿者组织建设常态化，以构建有特色的社会服务体系。2008年初至2010年底，深圳社会组织的数量从3034家增加到4110家，在社会管理中发挥了越来越重要的作用。新时期下的社会组织与单位制时代社会组织的社会功能、地位、结构与特征都发生了巨大变化。要充分重视社会组织存在形式的变化，有针对性地帮助、支持、引导、管理社会组织在社会建设中发挥作用。珠三角地区计划突出加强社会组织建设，逐步向社会组织放权，并用法治手段加以规范，促进全社会形成良好法治氛围。上海浦东新区出台多个文件扶持社会组织发展，明确了政府向民办社会组织购买公共服务的实施办法，为各地政府如何尽快培育更多、更优秀的民间公益组织提供了可资借鉴的经验。

四是解决社会矛盾问题。我国仍然处于社会主义初级阶段，其主要矛盾仍然是落后的社会生产力与日益增长的人民物质文化需要之间的矛盾，物质基础仍然比较薄弱，发展中的矛盾和问题仍然不断出现，需要切实解决。为了扶助弱势群体，国家和社会需要通过立法对国民收入进行分配和再分配，对社会成员特别是生活有特殊困难的人们的基本生活权利给予保障。总之，不断解决社会发展过程中出现的矛盾和问题是实现社会现代化的重要任务，需要总结经验，把握规律，开拓创新，努力提高社会管理的科学化水平。

三、社会管理的价值基础

既然要实现社会现代化，不断进行社会管理工作的创新，就需要对社会管理的价值基础进行先行澄清，以便明确方向，实现健康、有序的社会发展。

（一）社会秩序

社会管理工作的前提是社会秩序的稳定。没有一定的社会秩序作为管理的基础，任何的管理效率和效益都不可能实现。所谓社会秩序就是“社会的正常而有规律的活动状态，保证社会生活正常进行的必要条件。是有序与无序的统一”[①]，它是社会学范畴的有序、稳定或动态平衡的社会状态。其主要表现在：一是社会结构相对稳定。也就是说社会成员之间的社会关系基本确定，每个人都被纳入一定的体系之中，具有相对确定的社会地位。二是社会规范能够得到正常的遵守和维护。三是社会的冲突和无序能够被控制在一定范围之内。任何社会不可能对所有人的所有活动进行规范，否则就失去了社会的内在自发活力和动力。社会内部的矛盾、冲突和失序总是会存在或出现的，关键是能够对其进行有效的控制。英国哲学家霍布斯用社会契约论来解释社会秩序的起源问题，提出独立的个人为了摆脱“各自为战”的混乱状态，相互之间缔结条约，形成社会

①《辞海》1999年版（缩印本），上海：上海辞书出版社，2000年版，第4493页。

秩序。法国社会学家孔德认为社会转型的趋势是进步，而社会进步的结果应该是形成稳定协调的社会秩序。只有这样，社会进步才能为人类带来幸福，才具有真实价值和实质意义。①

社会秩序的价值要求在于做到以下几点：

一是牢固树立社会管理工作中的社会秩序意识。无论是单位制社会管理还是后单位制社会管理，都必须把社会秩序的稳定和高效放在首位，将其落实到管理工作的行动中。只有将社会秩序作为社会管理工作的基本理念加以贯彻落实，才不会使管理方向发生失误。醉酒驾车的问题屡见不鲜、屡禁不止，给国家、社会和人民的生命财产安全造成了极大的危害，国家通过醉驾入刑的方式来严厉管理，维持交通安全，就是高度重视社会秩序的表现。

二是不断适应社会发展要求，构建新型社会秩序。强调社会秩序的稳定不等于思想僵化，不求变革。全球化时代刻意追求社会秩序不变的思想已经不合时宜，后单位制社会管理必须构建新型的多元化社会管理机制，从实际出发，在动态发展中稳定社会秩序。政府准备从我国实际出发，修改居民身份证法，建立以公民身份号码为唯一代码的国家人口基础信息库，就是适应网络时代的社会管理新举措。

三是发挥人民的主体作用。中国特色的社会主义管理体系应该从人民利益出发，充分重视发挥人民在社会管理中的积极性、主动性和创造性。这是党的优良传统，也是后单位制社会管理能够继续不断发展的重要因素。深圳“一格多元”的网格化管理模式、珠海“十户联保”等管理措施都充分重视民众作用。只有发挥人民的主体作用，才能使得社会管理充满活力，贴近老百姓的需要，从而促

①参见董才生：《社会学研究主题的深化：从社会转型到社会秩序》，《光明日报》，2009年8月18日第11版。

进经济建设、政治建设、文化建设等社会主义事业的不断进步。

（二）公平正义

党的十七大报告提出，“要按照民主法治、公平正义、诚信友爱、充满活力、安定有序、人与自然和谐相处的总要求和共同建设、共同享有的原则”[①]解决人民群众所关心的问题，为发展提供良好的社会环境。胡锦涛总书记曾在省部级主要领导干部提高构建社会主义和谐社会能力专题研讨班的讲话中指出，“公平正义，就是社会各方面的利益关系得到妥善协调，人民内部矛盾和其他社会矛盾得到正确处理，社会公平和正义得到切实维护和实现”[②]。温家宝总理说，公平正义是社会稳定的基础，比太阳更有光辉。

所谓公平“作为一种道德要求和品质，指按照一定的社会标准（法律、道德、政策等）、正当的秩序合理地待人处事。是制度、系统、重要活动的重要道德性质”[③]。美国伦理学家罗尔斯认为，公平是正义中最基本最重要的概念。公平所包括的范围广泛，既是指公民参与经济、政治、文化生活的机会公平，也指过程公平和结果公平。

正义自古以来就被几乎所有政治思想家视为良好的社会秩序所具有的基本属性。[④]所谓正义就是“指符合一定政治和道德准则的行为”。正义具有一定的时代性。罗尔斯指出，正义是社会制度的首要价值，其原则是确定人们的基本权利与义务，以及相互合作的基

①胡锦涛：《高举中国特色社会主义伟大旗帜，为夺取全面建设小康社会新胜利而奋斗》，北京：人民出版社，2007年版，第17页。

②参见《人民日报》，2005年2月20日第1版。

③《辞海》1999年版（缩印本），上海：上海辞书出版社，2000年版，第793页。

④参见〔英〕戴维·米勒、韦农·波格丹诺编：《布莱克维尔政治学百科全书》（修订版），邓正来等编译，北京：中国政法大学出版社，2002年版，第408页。

本条件。马克思主义认为，对正义的理解受阶级立场的影响。[①]

公平正义是衡量一个社会或国家文明发展水平的重要标准，建设社会主义和谐社会的重要内容是坚持公平正义。要在后单位制社会管理中维护和实现公平正义，要注意做到：

一是经济上，要照顾各地区、各阶层、各群体的经济利益诉求，注意调节收入差距，使绝大多数社会成员都能分享社会发展的成果。在不同的经济发展阶段社会管理要有重点地帮助、扶持弱势群体，维护他们的利益，保障其基本生活需要。2009年陕西省神木县推出“全民免费医疗”，突破了城乡分割、身份有别的现行医保体制，将城乡居民按照同一标准纳入同一个医保体系，基本实现了全民医保的制度公平。安徽省铜陵市重视教育资源均衡发展，基本实现无择校教育，体现教育管理中的公平原则。

二是政治上，要注意在社会管理中充分重视吸收人民群众的建议和意见，尊重公民的各项法律权利，采取多种手段正确处理社会生活中出现的人民内部矛盾，避免简单、粗暴的处理方式，要把立党为公、执政为民的思想真正落到实处。多地重视完善信访制度和网络意见，积极开通官方网站和微博，与网民互动，取得良好的社会反响。

三是法律上，社会管理要从法律精神出发，维护法律的公正、公平和公信力，真正实现依法管理。不仅要遵守相应的法律程序，而且要努力实现中国特色社会主义管理体系的法制化。近年来农民工工资拖欠问题、子女教育问题等都要从法律的高度去重视和解决，而不能仅停留在解决个案之中。

四是要正确认识公平正义原则的历史性和相对性。公平正义总

①《辞海》1999年版（缩印本），上海：上海辞书出版社，2000年版，第3868页。

是受一定时期的生产力水平、生产关系状况和上层建筑所制约，在不同历史时期实现方式和程度总是有所区别。不能把公平简单地等同于平均主义、把正义绝对化，必须认识我国社会主义初级阶段的基本国情，既不超越历史阶段地盲目冒进，又不断努力促进社会公平。

（三）公民权利

公民权利是国家对公民所保证的权利。①也就是说，公民权利是公民所拥有的、国家所保障的合法权利。其主要表现在：法律权利、政治权利、社会权利、参与权利等。法律权利主要是指法律所规定的基本人权。政治权利是指公民选举权和被选举权以及其他参与政治生活的权利。社会权利是指公民在社会关系中存在并发挥作用的权利。参与权利是指公民参与经济、政治、文化等公共生活的权利。

公民权利是公民能够得以在国家中生存和发展的基础，其具有以下特征：一是主体性。公民权利是国家保障公民个体所享有的权利，任何人不能随意非法加以剥夺和取消，公民权利的行使依靠公民自身主体性的发挥。二是社会性。公民权利是在社会中行使的，脱离了社会的公民权利是没有意义的。公民必须在行使权利时充分地考虑社会因素的影响和作用。三是形式性。公民权利是国家所给予或承认的权利。但是，公民能不能获得或行使其权利，还要看公民的能力状况。只有具备相应的行为能力，才能将权利变为事实。我国的公民权利是宪法和法律加以保障的，必须在新时期的社会管理中加以落实和保障。我国公民权利具有真实性、广泛性、平等性

①参见〔英〕戴维·米勒、韦农·波格丹诺编：《布莱克维尔政治学百科全书》（修订版），邓正来等编译，北京：中国政法大学出版社，2002年版，第130页。

和权利义务一致性。

后单位制社会管理要把公民权利思想体现在具体的管理行为之中，需要做到：

一是在管理思想上重视公民权利。变管理为服务，切实将重视公民权利的思想渗透到管理之中，不能以侵犯公民权利为代价来追求管理的高效，将社会管理方式的改进和完善与保护公民权利密切结合起来，才能真正做到人民管理为人民。瘦肉精猪肉、染色馒头、毒生姜事件等食品安全问题引起中央的高度重视，其原因在于“民以食为天”，关系到老百姓的基本生存权问题必须认真对待并加以解决。

二是在管理过程中重视公民权利。社会管理总是通过具体的管理过程来实现的，而且管理过程中对公民权利的重视与否直接关系到其利益的实现状况。只有尊重了公民的主体地位，体现了公民权利需要，才不会为了目的不择手段，中国特色的社会主义管理才能够体现出社会主义的优越性。上海的“钓鱼执法”案件之所以引起公愤，就在于执法者在管理过程中无视公民权利。长期以来的医患纠纷问题需要将患者的医疗权提升到一定高度加以保障，而不能简单地将其推向市场。

三是在管理反馈中重视公民权利。建立健全社会管理反馈机制对于不断改进提高管理成效有着举足轻重的作用。只有及时监督并反馈管理中公民权利保护和实现的情况，才能纠正偏差和失误，提高社会管理的公信力和有效性。西方发达国家在经济水平提高以后，大多十分重视公民权利的维护和申诉。现阶段我国借助网络手段完善公民监督体制，往往能取得不错的反馈效果。当然，对于网络监督的可信度和可行性也还需要进行大量实际的探索和论证。

（四）社会文明

社会管理的目标是建设和谐社会，实现社会文明。胡锦涛总书记指出："社会管理，说到底是对人的管理和服务，涉及广大人民群众切身利益，必须始终坚持以人为本、执政为民，切实贯彻党的全心全意为人民服务的根本宗旨，不断实现好、维护好、发展好最广大人民根本利益。"[①]中国特色的社会主义管理是社会主义建设的重要组成部分，必须坚持科学发展观的指导，而科学发展观的核心就是以人为本。所谓以人为本就是"要始终把实现好、维护好、发展好最广大人民的根本利益作为党和国家一切工作的出发点和落脚点，尊重人民的主体地位，发挥人民首创精神，保障人民各项权益，走共同富裕道路，促进人的全面发展，做到发展为了人民、发展依靠人民、发展成果由人民共享"[②]。

以人为本是针对我们国家长期以来发展中遇到的问题而提出的重大战略思想，它对于指导社会管理工作起到至关重要的方向性作用。现在很多地方政府开始给高龄老人发放高龄津贴、大力推进保障房建设、强化孤儿救助、对外来务工人员实行"同城待遇"等。广州市开始打造城市"15分钟社区卫生服务圈"，市民步行15分钟就能找到大型社区卫生服务中心，都鲜明地体现出以人为本的执政理念。

以人为本与人本主义、人道主义既有联系，也有区别。人本主义是承认人的价值和尊严，把人看作万物的尺度，或以人性、人的有限性和人的利益为主题的哲学思想。人本主义思想14世纪下半期发源于意大利，是文艺复兴的重要方面。它对于把人从神的束缚中

①参见《人民日报》，2011年2月20日第1版。

②胡锦涛：《高举中国特色社会主义伟大旗帜，为夺取全面建设小康社会新胜利而奋斗》，北京：人民出版社，2007年版，第15页。

解放出来，恢复人的尊严，发挥人的主体性，推动科学主义的启蒙和发展，起到了不可缺少的作用，有其历史性的贡献。人道主义提倡尊重人、关怀人、爱护人，是文艺复兴时期精神所在，提出通过学习古希腊和古罗马文化，充分发展人的才能，发展人性。法国大革命将其内涵具体化为“自由、平等、博爱”等口号，在资本主义反对封建主义的斗争中起到重要作用。但是，现实中抽象的人道主义经常否定意识形态的存在，宣扬超阶级、超时代的个人主义，与马克思主义提倡的具体、现实、真实的人道主义有着根本的区别。

坚持以人为本是新时期社会主义社会管理工作体现全心全意为人民服务根本宗旨的需要，要“坚持人民主体地位，把人民满意作为加强和创新社会管理的出发点和落脚点，把加强和创新社会管理同人民群众的意愿和需要紧密结合起来，以人民群众利益为重、以人民群众期盼为念，充分尊重人、理解人、关心人，寓管理于服务之中，努力实现管理与服务的有机统一”[①]。通过以人为本、服务为先的社会管理理念的贯彻实施，实现“鳏寡孤独者皆有所养”，培育“理性、包容、平和、科学”的社会心态，统筹推进经济、政治、文化、社会以及生态文明建设和党的建设，总体加快社会文明建设，促进经济社会又好又快发展。

①参见周永康：《加强和创新社会管理，建立健全中国特色社会主义社会管理体系》，《求是》，2011年第9期。

第二讲

利益诉求与社会矛盾和冲突化解机制

>>

历史和实践都证明：社会转型时期是社会矛盾和冲突的多发期。这起源于人们价值认同的分歧。而之所以会产生价值认同的冲突，与制度有效供给不足、利益主体多元化、多元价值存在和主导价值观缺失密切相关。与此同时，弱势群体、强势群体以及地方政府之间的博弈最终会影响社会冲突的强度和烈度。目前中国的社会冲突多是基于物质利益的冲突而非思想和观念的冲突。我们能够通过完善利益表达、分配、保障和化解机制来将社会矛盾与冲突控制在最低限度，从而建设一个更加和谐的社会。

从广义上来讲，自1840年以来，中国社会就迈入了社会转型期。这一社会转型时期可以大致分为如下三个阶段：（1）1840—1949年；（2）1949—1979年；（3）1979年至今天。其中第一阶段的主要任务是推翻帝国主义、封建主义和官僚资本主义的统治；而第二阶段则主要是建立社会主义制度并开始社会主义现代化建设；第三阶段的主要任务则是建设富强、民主和文明的有中国特色的社会主义现代化国家。

一、转型期是社会矛盾和冲突的多发期

中外历史实践证明：转型时期是社会矛盾的多发期。鉴于不同历史时期的主要任务迥异，在中国社会转型的不同时期，其矛盾也呈现出不同的特点。从鸦片战争到中华人民共和国的成立，社会矛盾主要是在中国人民与落后的封建统治者、中华民族与帝国主义列强、中国共产党领导的人民大众与国民党为代表的官僚资本主义之间展开的。而从新中国成立后到改革开放前我国一直处于全能主

义的社会中，在这种社会框架下，社会矛盾主要局限在政治和阶级的视野内。矛盾也主要是围绕社会主义道路与资本主义道路以及人民内部矛盾等问题而展开的。[1]改革开放以来，在经济转型的带动下，整个社会结构出现了新的分化与重组，社会矛盾也显现出新的动向。取代第二阶段的政治与阶级矛盾，经济领域内基于资源的占有与分配而引起的矛盾凸显。尤其是，20世纪90年代以来，我国迈入了社会转型的加速时期。与80年代资源扩散、各社会群体从改革中普遍受益不同，90年代以来的社会是一个资源重新聚集的社会，是一个底层群体利益严重受损且被抛出社会结构之外的“断裂社会”。[2]可以说“断裂社会”是一个利益失衡的社会，而利益的失衡极易唤起人们的被剥夺感（从相对剥夺到绝对剥夺），使人们撤销现存秩序的合法性，从而引发大规模的社会矛盾和冲突。

为了建设一个更加和谐的社会，我们必须加强社会管理机制的创新，以防范和化解社会矛盾。党的十七届五中全会通过的《中共中央关于制定国民经济和社会发展第十二个五年规划的建议》提出要加强社会管理能力建设，创新社会管理机制，切实维护社会和谐稳定。近来，广东省委书记汪洋同志也反复强调：加强社会建设是广东的当务之急。应当说，问题的解决必须以对问题的正确认识为前提。有鉴于此，我们将首先对矛盾与社会冲突的现状、起源、原因以及利益博弈的状况进行剖析。然后，在本文的末尾我们将结合“广东经验”来探讨如何化解社会矛盾。

①毛泽东在《论十大关系》、《关于正确处理人民内部矛盾的问题》等经典文献中对该时期的社会矛盾、冲突及其解决方式都有精辟论述。

②孙立平认为，20世纪90年代以来所形成的底层群体主要由三部分亚群体构成：（1）贫困农民；（2）进入城市的农民工；（3）城市中以下岗失业者为主体的贫困阶层。参见孙立平：《资源重新积聚背景下的底层社会形成》，《战略与管理》，2002年第1期；孙立平：《失衡：断裂社会的运作逻辑》，北京：社会科学文献出版社，2004年版。

从频率上来讲，转型加速期是社会矛盾和冲突的多发期。在这个前所未有的发展阶段，社会也已步入矛盾凸显期；许多社会矛盾和利益冲突逐渐从隐性变为显性，从零星的个人行为变成集体行为，社会矛盾的性质和类型越来越多样化，冲突事件的规模和程度也呈现出扩大的趋势。

表2-1　20世纪90年代以来群体性事件的发生起数　　　单位：万

年份	1993年	1995年	1997年	1999年	2003年	2004年	2005年
发生起数	1	1.1	1.5	3.2	6	7.4	8.7

资料来源：于建嵘：《转型期中国的社会冲突》，《凤凰周刊》第176期，2006年。

表2-1显示：在20世纪90年代，群体性事件的发生率从1993年的10000起增加到1999年的32000起，6年之间增加了两倍多。随着社会转型的进一步推进，社会群体与社会利益又将出现新的分化与组合，如果处理不当，群体性事件还又可能出现爆炸性增长的趋势。

从矛盾和冲突的双方来看，转型加速期的社会矛盾主要有如下三大类型：官民矛盾、劳资矛盾、普通群众之间的矛盾。官民矛盾方面，更多的是由于少数地方官员自身的腐败以及他们为了自身以及小团体的利益而在征地、拆迁补偿等方面与民争利而引发。简单地说，当政府不能履行其政府功能，主要是不能为人民提供安全和社会正义时，民和官的紧张关系就会出现。尤其是当政府本身成为社会不安全和非正义的根源时，民与官的冲突就会随时爆发出来。① 据广东省纪委调研组的调研，“2007年以来，群众到省反映涉及土地问题的集体上访达230批3224人次，分别占集体访总数的33.3%和

①参见郑永年：《保卫社会》，杭州：浙江人民出版社，2011年版。

30.4%”[1]。

劳资冲突方面，无论是在国有企业、私营企业、合资企业还是在外资企业都普遍存在。不过，根据李培林的调查，城市公众普遍对私营企业中的劳资冲突感受最为强烈，这大概与我国私营企业用工和管理制度不规范、劳动者权益得不到保障等现实原因有关。[2]据统计，广东工人群体性事件七成源自欠薪。而近年来中国发生了一系列围绕薪水问题的群体性事件，如佛山本田工人罢工事件、九江思麦博7000人大罢工，等等。

普通群众之间的矛盾在收入上可以概括为高、中、低以及贫困群体之间的矛盾。从利益实现能力上来讲，则是强势群体与中间群体和弱势群体之间的矛盾。由于各群体所具有的经济资本、社会资本与文化资本的巨大差异，他们之间的矛盾也呈现出多种情况并置的复杂局面。

二、源于价值认同所产生的矛盾与冲突

改革开放以来，中国的社会结构发生了全方位的转型。在宏观层面，社会结构中以政治结构为轴线的社会治理方式逐步消退。取而代之，社会结构逐渐分化成具有相对独立性的经济、政治与文化结构。而这三大结构也不断发生裂变。经济结构方面，社会主义的再分配经济让位于社会主义的市场经济；政治结构方面，全能主义的国家让位于为经济建设服务的治理结构；文化结构方面，“又红又专”的意识形态让位于有中国特色的社会主义文化路线。

宏观层面的社会结构转型必然会投射到微观的价值层面；而

①参见广东省纪委调研组：《关于当前群众反映的热点难点问题的调研报告》，《2008广东省情调查报告》。

②李培林：《研究中国当前社会冲突意识的七个发现》，《理论参考》，2006年第5期。

且，微观层面的价值转型也必然会引起宏观层面的社会结构变迁。同样，社会层面的冲突也能够在价值层面中找到其根源。可以说，转型期所存在的形形色色的冲突都是源于价值认同的混乱。那么，这个使人们产生价值认同冲突的原因何在呢？

首先，社会存在的变化、利益主体的多元化与利益格局的深刻调整是价值认同冲突的最深刻根源。在高度集中的计划经济体制下，在单位制和人民公社制度的制度安排之下，国家掌握全部的社会资源，成为唯一的利益主体。在这种全能主义的社会体制庇护之下，国家的利益就是集体和个人的利益，国家的价值观就是集体和个人的价值观。[①]但随着高度集中的计划经济体制让位于社会主义的市场经济体制，单位制和人民公社制度逐步趋向解体，社会人成为社会存在中的主体。市场经济是一种营利性的经济，要求经济主体自主经营、自负盈亏，允许个人与组织在“诚实劳动，合法经营”的前提下追逐其合法利益。利益主体开始呈现多元化趋向。[②]同时，市场经济又是一种竞争性经济，遵循竞争性法则，而各市场主体在市场竞争中的能力各异。因而，利益格局的分化与调整也就不可避免。上述深刻的变化反映在人的观念领域，就形成了激烈的价值认同冲突。

其次，多元价值的存在是价值认同冲突的前提条件。依据韦伯的理想型，在一个社会中如果只存在一种价值，而且社会成员都认同该价值，并且该价值不可商讨与化约，那么在该社会中发生价值认同冲突的可能性就极小。相反，如果一个社会中允许不同的价值

①姜锡润、王曼：《论社会转型时期价值冲突的根源与价值观重建》，《武汉大学学报（哲学社会科学版）》，2005年第2期。

②中国社会科学院社会学研究所的陆学艺等人认为，在现阶段我们形成了以职业分工为背景的十大社会阶层：这些不同的阶层形成了不同的利益主体，产生了不同的利益诉求。参见陆学艺主编：《当代中国社会阶层研究报告》，北京：社会科学文献出版社，2002年版。

并存而且允许不同的价值之间展开竞争，人们可以有在不同的价值之间进行选择的自由，那么，价值认同的冲突就可能会存在。①在传统的计划经济体制下，国家掌控着全部的社会资源，因而能够动员全社会的力量确立一种单一的主导价值观。但随着市民社会的到来，利益格局的调整与多元化，不同的利益主体间由于自身不同的利益与偏好而形成了不同的价值观。不容忽视的是，随着改革开放的不断深入，中国也开始逐步融入世界；几乎与此同步的是，西方社会的价值观也开始传入中国，并或明或暗地对中国人的观念产生这样或那样的影响与冲击。可以说，外来价值的冲击，加上内部价值的多元化与选择自由，这都为可能的价值认同冲突埋下了隐患。

第三，社会主导价值缺失是转型期价值认同冲突的重要原因。如果一个社会中存在多元价值观，这并不表明该社会一定会产生价值认同冲突。但如果该社会在迈入价值多元化时代之后，没有适时地建构出全社会普遍认同的价值底线——社会主导价值观，那么发生价值认同冲突的几率将会大为增加。在传统计划经济时代，社会的主导价值观是爱国主义与集体主义。社会中的个体、群体与组织的一切行动都是围绕服从或服务于这两大主义而展开，价值认同冲突一般并不多见。而在转型时期，一方面，爱国主义与集体主义的主导价值观念已不再能发挥主导作用，另一方面，新的主导价值观又没有建立起来，这就导致了适应时代要求的主导价值观的缺失。社会主导价值观念的缺失意味着社会失去了统一的价值标准，再加上价值主体的多元化和多种多样价值观念的存在，社会的价值冲突日益剧烈。

第四，制度有效供给不足是造成价值认同冲突的制度性原因。

①陈章龙：《论社会转型时期的价值冲突》，《南京师范大学学报（社会科学版）》，2004年第5期，第5—10页。

制度是人类创造的约束条件，可以分为正式制度（如法律）与非正式制度（如社会风俗、习惯等）两大类。无论是正式制度还是非正式制度，其目的都是要建立社会秩序，以及要降低交换中的不确定性。由于社会急剧转型，以及由此而引发的利益主体多元化、多元价值并存和社会主导价值观的缺失，社会增加了对制度有效供给的强烈诉求。但由于长期以来我们在调节社会利益关系中对思想说服和教育的倚重，我国的制度供给严重不足的弊端充分暴露出来。在社会主导价值观缺失、制度有效供给不足的大背景下，社会成员极易产生价值认同冲突。

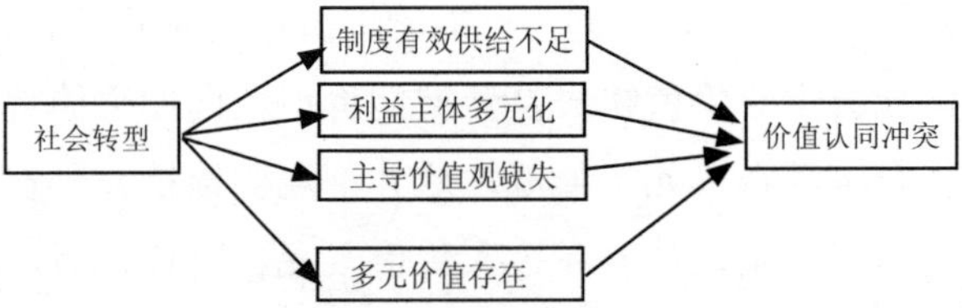

图2-1　转型期社会价值认同冲突的根源

图2-1对社会转型期价值认同冲突的原因作了一个简要归纳。可以说，社会转型时期由于利益主体的多元化、多元价值观的存在、主导价值观缺失和制度有效供给不足等原因，社会成员在价值认同上产生混乱与冲突的频率极高。如果处理不当，社会成员在价值认同上的冲突就可能会被动员起来，形成现实生活中强度和烈度不等的现实冲突。事实也证明，20世纪90年代是现实社会矛盾和冲突的多发期。那么，发生如此频繁的社会矛盾与冲突，其背后的原因究竟何在呢？

三、多方博弈中的利益失衡

正如孙立平所说，20世纪90年代以来的社会是一个迥异于80年代的全新的社会。20世纪80年代是一个资源扩散的年代，在这个时期社会中的绝大多数人口都是改革的受益者。在农村，由于家庭联产承包责任制的推行，农民的劳动积极性空前高涨，粮食产量大幅提升。同时，国家提高了粮食和农产品价格，因而农民的收入出现了一个较大幅度的增长。在乡镇，乡镇企业异军突起，小城镇建设取得较大成就。乡镇企业的发展不仅解决了部分农村剩余劳动力的就业问题，而且也大大增加了在乡镇企业中工作的农民的收入。在城市，随着放权让利式改革的推进，企业获得了更多的自主权和可供配置的资源，在国有企业中工作的员工的工资与福利待遇出现了一个大幅度的提升。①

而20世纪90年代则不同。20世纪90年代的中国社会告别了资源扩散型时代而进入到资源重新积聚型的时期。这种资源重新积聚的趋势，对中国社会产生了广泛而深远的影响。首先，群体间的收入和财富差距越拉越大。城市中的一部分人通过市场机制逐步富裕了起来。另一方面，由于国有企业实施“减员增效，下岗分流”等政策以提高国有企业的竞争力，结果出现了大量的下岗、失业人员。与20世纪80年代相比，他们的利益受到极大的损害，以致沦落为城市社会的底层。其次，社会的边缘地带，出现了明显的凋敝。在家庭联产承包责任制的活力于80年代释放完毕后，90年代的农村出现了大凋敝。以农业为生的农民的收入出现了停滞的局面。乡镇企业也已风光不再，出现了大量倒闭和乡镇企业工作人员失业的状况。第三，基层被掏空。村镇负债累累，村镇机构运行受到极大影响。②

在上述三股力量的推动下，一个规模庞大的底层群体形成了。这一底层群体由三大亚群体构成：（1）贫困的农民；（2）进入城市的农民工；（3）城市下岗、失业人员。在农产品比较效益几乎

①孙立平：《资源重新积聚背景下的底层社会形成》，《战略与管理》，2002年第1期。
②孙立平：《失衡：断裂社会的运作逻辑》，北京：社会科学文献出版社，2004年版。

为零的情况下，农村中以种地谋生的农民收入出现了实际上的负增长。由于受到户籍制度等的制度性歧视，进城务工的人员在劳动就业等方面不能享有与城市人同等的待遇。他们劳动时间长、劳动强度大，却不能享受到“同工同酬”这一最基本的国民待遇。他们的子女在入学等方面存在较大困难。由于基层财政被淘空，城市中的下岗、失业人员的基本生活难以得到保障。

在一个规模庞大的底层群体形成的同时，一个由少数社会精英（包括政治精英、经济精英和文化精英等）所构成的既得利益群体也形成了。他们掌握着社会的话语权，拥有自己独立的利益诉求，并且能够利用自身庞大的经济、政治资本动员社会各方面的力量来为自己谋利并损害或漠视广大弱势群体的利益诉求。

如果社会机制健全，社会弱势群体能够通过合法的制度化途径来表达自己的利益并均衡社会利益，那么社会冲突的频率、强度和烈度将大为降低。但实际情况并非如此。由于某些结构性的原因，社会中的弱势群体最终选择了通过社会冲突的方式来捍卫自身的权益。结果是，转型加速期成为社会冲突的多发时期。为什么弱势群体会在利益受损的情况下大量选择冲突而非其他方式来保卫自身的正当权益呢？

首先，弱势群体利益表达的话语权缺失。“弱势群体要想实现利益表达权利的均衡，首要的问题就是能够拥有自主表达的话语权，能让政府听到他们自己真实的呼声”。[①]但是由于弱势群体自身的知识水平普遍较低，而且由于其社会接触的限制，他们的呼声难以被报纸、电台、电视台与网络等公共传媒知晓。所以，一般也不会形成太大的舆论压力，结果政府对弱势群体正当的利益诉求的重

①郑海明、丁雷：《社会转型期弱势群体的利益表达机制探析》，《山东社会科学》，2007年第2期。

视程度严重不足。在此种背景下，社会中的弱势群体唯有通过冲突的行为选择来为自己“发声”。

其次，弱势群体社会组织化程度低，谈判的能力有限。如果弱势群体能够在农民协会、农民工协会以及工会等的组织下来与强势群体展开谈判，那么冲突就有可能被化解在萌芽状态。并且由于上述协会的目标明确，即使发生社会冲突，其强度与烈度也会大为降低。但现实状况却是：农民与农民工普遍呈现出原子化的倾向，而工会在维护弱势群体利益方面能力也极为有限，维权的意识也不强。同时，加之弱势群体知识结构的限制，他们即使谈判，能力也极为有限。可能的后果是，弱势群体索性放弃组织化谈判的努力，通过密集的社会冲突来表达自身的利益诉求。这样，社会冲突的频率就大为增加了。

第三，地方政府权力缺位和与民争利也是导致大规模社会冲突的重要原因。改革开放以降，地方政府职能的重要变化就是“地方政府法团化”，而且他们在财政预算上也倾向于“逆向软预算约束”[①]。地方政府的行为对国家与社会之间的关系产生了深刻而持久的影响。一方面，各级地方政府在官员激励机制的刺激下，向下属的企业或个人攫取资源、与民争利，引起了大规模的政治冲突（如上访、抗议活动等）。另一方面，对于农民工与企业主、农民与乡村干部间的冲突，地方政府的调节与协调却严重不足。他们在畸形政绩观的指引下，往往隐瞒冲突真相，错失调节冲突的最佳时机。结果是，社会冲突愈演愈烈。

第四，强势群体操控媒介、干扰公共政策也加剧了社会冲突。转

①斯坦福大学的周雪光教授在科尔奈“软预算约束”的基础上提出了“逆向软预算约束”的概念。所谓“逆向软预算约束”是指基层政府自上而下地向所管辖区域中的下属组织和个人索取资源的行为。参见周雪光：《“逆向软预算约束”：一个政府行为的组织分析》，《中国社会科学》，2005年第2期。

型社会中的强势群体一般是社会的既得利益群体。他们为了牟取自身的利益，可能通过非法的手段对社会弱势群体合法的利益诉求进行打压。打压的手段主要有：操控媒介和干扰公共政策。为了不让社会弱势群体表达自己的利益诉求，他们凭借强大的政治、经济与文化资本操弄大众媒介，宣扬有利于该群体的意识形态。同时，他们还买通部分知识分子（既有媒介知识分子，又有学术知识分子），这些知识分子利用自身所具有的话语权优势诱导政府制定有利于该群体的社会政策。这使弱势群体企图借助公共政策捍卫自身合法利益的努力归于失败。他们通常除了拿起“弱者的武器”，通过冲突来将他们的社会关切“问题化”外，别无他法。

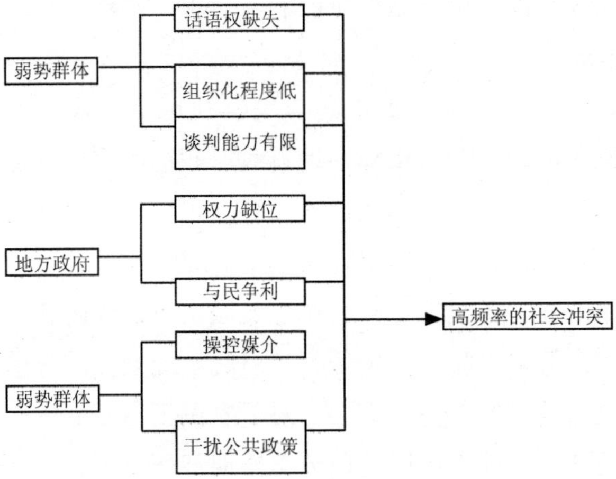

图2-2　引发高频率社会冲突的原因

从图2-2可以看出，在弱势群体、地方政府与强势群体三方的不对称博弈下高频率的社会冲突不可避免地爆发了。其实，在一个正常的市场社会中，各个社会群体为了自身的利益展开形式多样的社会博弈十分常见，只有各方通过合法的利益博弈才有可能达致利益的均衡；但在中国的转型社会中，利益博弈的强度与烈度却具有其独特性。

四、矛盾和冲突的强度与烈度

既然社会转型期为了达到群体之间利益的大致均衡利益博弈不可避免，那么，重要的就是控制社会冲突的强度与烈度，充分发挥其正功能，将其反功能降低到最低限度。

那么何谓社会冲突的强度、烈度呢？所谓冲突强度，又称为冲突的紧张程度，是用来测定团体在冲突所消耗的能量和在各个方面卷入程度的标准。紧张程度的变化同团体在冲突中为达到目标而付出的代价成正比，紧张程度直接由引起冲突的原因决定。所谓冲突烈度，又称为冲突的激烈程度，是衡量冲突表现形式的标准，用来测定团体在表达其愤怒情绪时所采取的各种手段。

首先来看看社会冲突的强度。正如上文所述，社会冲突的强度由引起冲突的原因所决定。而根据冲突的原因来划分，社会冲突可以分为物质性冲突和非物质性冲突。物质性冲突，是指由于权力、地位和资源等方面的分配不均而引发的冲突；非物质性冲突，是指由于价值观念和信仰的不一致而产生的冲突。此外，科塞还把社会冲突分为现实冲突与非现实冲突。现实冲突指的是个人或群体只是运用冲突这一最有效的方法，来达到自己确定的目的；非现实冲突源于某种难以捕捉的外在因素，其对象不是冲突的根源，冲突的目的纯粹是为了宣泄敌对情绪。

当今中国社会中的冲突大部分都可归为物质性的现实冲突。也就是说，冲突是由于权力、地位和资源的分配不均所引发，参与冲突的个人或群体只是将冲突作为一个达到平衡权力、地位和资源的工具，上述目标一旦达致，冲突即告结束。在此种类型的冲突中，个人和群体一般不会有太多的情感卷入。因而，这种低强度的社会冲突的烈度和破坏性也会相对小一些。如农民工聚集起来在市政府前静坐，抗议企业拖欠工资问题。这是一种典型的物质性的现实冲突。如果政府及时与农民工和企业沟通，让他们双方谈判并达成妥协性的意见，那么冲突便告结束，而不会对社会构成任何冲击。

有一类冲突是我们必须警惕的，那就是涉及核心价值观念的非物质性冲突。近年来有关“改革共识”的论争即属此类。部分个人或群体从当今中国社会中存在的社会腐败、贫富分化和社会不公等问题出发，否定社会主义的改革方向。如果在这种核心价值观未达成一致的情况下发生社会冲突，那么冲突的社会危害性是十分巨大的。幸运的是，在“旧改革共识”遭遇挑战的时候，党中央、国务院又及时提出了“新改革共识”，这就是“构建社会主义和谐社会”这个基本纲领的提出。在2005年底中共十五届六中全会通过的《关于制定国民经济和社会发展第十一个五年规划》的建议中，突出强调了中国改革要“更加注重社会公平，使全体人民共享改革发展成果”。并且，这种“新改革共识”具有相当广泛的社会基础。不但农民、工人和底层群体认同该共识，而且学者、官员和媒体也接受该共识。这样，即使产生社会冲突，也不会危及社会的核心价值理念。

此外，还有一类冲突——（官民）“无直接利益冲突”——也是我们应当高度关注的。所谓“无直接利益冲突”，是指冲突的大部分参与者与事件本身毫无关系，也没有任何利益诉求，只是为了表达、发泄一种情绪。之所以会产生“无直接利益冲突”，是由于底层利益受损、信息不对称、官员贪污腐败、社会宣泄渠道不畅等而引发。并且，其一旦产生，冲突的强度和烈度都很高，对和谐社会的危害也甚大。因而，我们必须想办法化解之。

下面让我们重点谈谈社会冲突中的烈度问题。根据达伦多夫的冲突理论，不同的冲突条件对社会冲突的烈度将产生不同的影响。

表2-2　达伦多夫有关冲突烈度的部分命题

1．组织的技术、政治和社会条件越是得不到满足，冲突越是激烈。
2．统治与被统治群体间的流动越少，冲突越是激烈。
3．资源分布愈是不均衡，被统治群体绝对剥夺感愈是强烈，冲突越是激烈。
4．冲突调节机制越是有效，冲突烈度愈低。
资料来源：[美]乔纳森·特纳：《社会学理论的结构》，北京：华夏出版社，第176页。

表2-2概括了冲突条件与冲突烈度之间的关系。接下来，让我们结合转型中国社会的实际来对上述四大命题逐一给以检视。

命题1：组织条件与冲突烈度成反比

当今的中国社会，群体间的组织化程度还普遍较低。特别是对社会中的农民、农民工和城市下岗失业人员来说，较低的组织化程度不利于他们与强势群体进行利益博弈。同时，由于缺乏统一的领导（如农民协会、农民工协会与工会等），他们与强势群体讨价还价或妥协的能力不强，有可能超越最初仅仅是为了获得正当经济、社会权益的斗争，而演变成一场纯粹为了发泄不满情绪的社会骚乱，从而大大增加社会冲突的烈度和破坏性。

命题2：社会流动的几率与冲突的烈度成反比

在一个开放型的社会中，社会为其成员提供大量的向上流动机会。底层社会中的社会成员凭借其个人奋斗，大多都能跃居社会的中层，甚至极少的个体还会跃居社会的顶层。这也是为什么战后西方世界中产阶级普遍膨胀的原因所在。中产阶级的壮大，一方面会为底层群体向上流动提供大量机遇，另一方面也能成为底层群体与顶层群体冲突的缓冲带，从而有效降低社会冲突的强度与烈度。但在社会结构趋向断裂的中国社会中，情况却截然相反。由于社会中的底层成员的年龄一般在35岁或40岁以上，而且大都学历较低，但社会为成员提供的向上流动机会大都需要较低年龄和大专以上学历，因而，对于底层群体来说，他们向上流动的机会也十分有限。社会流动受阻极易导致底层成员的情绪受挫，他们可能会用高烈度的社会冲突来发泄不满。如果此时中产阶级足够强大也有可能成为“防火墙”，以舒缓社会底层与社会上层之间的冲突。但不幸的是，中国现阶段的阶级结构不是中产阶级极为强大的“橄榄形”社会结构，也不是社会极为不平等的“金字塔”社会结构，而是底层极为庞大、中层又不够强大的“丁字形”社会结构。①

命题3：资源分布愈是不均衡，被统治群体绝对剥夺感愈是强烈，冲突越是激烈

在一个公正的多元社会中，社会的权力、财富与声望的分布是弥散的。也就是说，权力、财富与声望在社会中不同的个体间的分布不具有相关性；而且，权力、财富与声望之间不可随意转化。但转型中的中国社会却是另外一番图景。在该社会中，权力、财富与声望之间高度重叠，并且三者可以很轻易地实现转化。社会中的强势群体基本垄断权力、财富和声望的占有与分配，而弱势群体却处于绝对的剥夺状态。这极易唤起被剥夺群体的绝对剥夺感，使他们撤销对现存秩序合法性的认同，从而会导致冲突激烈程度的升级。高烈度的社会冲突又会危害社会的稳定。

命题4：冲突调节机制的有效性与冲突的烈度成反比

冲突调节机制对于社会冲突的影响主要通过两大方面表现出来：冲突前的预警和冲突后的有效调解。当出现冲突的苗头时，调节机制即可启动，让双方在和平的环境中进行利益博弈，最终达致利益的大体均衡。如果群体已经开始进入到通过冲突进行利益博弈的阶段，那么调解机制应迅速启动，以便有效地降低冲突的烈度。

①李强：《“丁字形”社会结构与“结构紧张”》，《社会学研究》，2005年第2期，第55—73页。

但不幸的是，在目前的中国社会，冲突的调节机制还严重缺乏。众所周知，我国采取的是稳定压倒一切的基本国策。同时，为了确保社会稳定，各级政府还倾向于将当地社会稳定与当地政府官员的职务升迁挂钩。从主观动机上来讲，这一政策设计是为了在保持社会稳定的基础上“聚精会神搞建设，一心一意谋发展”，其本意是好的。但正如默顿所言，有目的的社会行动也可能产生一些非预期的社会后果，“稳定压倒一切”的制度设计也产生了一些制度设计者未曾预料到的消极后果。当出现社会冲突的苗头时，各级官员为了自己的仕途和当地的形象，往往采取隐瞒的策略，这就有可能错过对冲突进行预警的最佳时机。而隐瞒有可能使真实信息无法传达给大众，使谣言等虚假信息四处传播；虚假谣言的广泛传播又有可能使社会冲突加剧。当社会冲突产生时，由于各级官员对社会冲突的过分敏感，加之各级官员处理社会突发事件的能力缺乏，结果往往错过调节冲突的黄金时期，而酿成本该可以避免的高烈度的社会冲突。

五、完善矛盾与冲突化解的利益均衡机制

正如马克思所言：“人们奋斗所争取的一切，都同他们的利益有关。”[①]应当说，妥善处理各种利益关系，切实解决好人民群众最现实、最关心、最直接的利益问题，是化解社会矛盾、构建和谐社会的关键。为了建立一个更加和谐的社会，我们必须以民生为重点来积极探讨完善矛盾与冲突化解的利益均衡机制。

作为改革开放的“排头兵”，广东在探索完善矛盾与冲突化解机制方面进行了一系列的创新，堪称矛盾和冲突化解的“广东经

①《马克思恩格斯选集》第1卷，北京：人民出版社，1972年版，第82页。

验”。其具体体现在如下四大方面：

（一）完善利益表达机制

利益表达是建立利益均衡机制的基础。我们必须要认识到：各种利益主体的差异突出地表现在不同社会群体争取自己利益的能力不同，这在强势群体与弱势群体之间尤为明显。[①]强势群体可以借助其强大的政治、经济和文化影响力来影响政府决策的制定以及执行。因而，必须重视对强势群体活动的引导与规范，让他们的利益追求在合法、合理的轨道上进行。

与强势群体的广泛的社会动员能力相反，弱势群体一般文化程度不高、权利意识不强以及组织化程度低。他们的利益受到侵害的可能性也更大。有鉴于此，特别应当为困难群众和外来群体提供表达自己利益诉求的渠道。建立不同利益诉求的表达机制，让对立情绪、怨气和不同意见发泄出来，可以避免它们不断累积而造成不可收拾的后果，有利于促进社会和谐。在这方面，东莞市的一些做法颇值得借鉴。[②]此外，佛山市充分发挥工、青、妇等群众组织反映诉求、维护权益、提供服务的纽带作用的经验也很值得借鉴。[③]

（二）完善利益分配机制

十七大报告指出，合理的收入分配制度是社会公平的重要体现。并提出“坚持和完善按劳分配为主体、多种分配方式并存的分配制度，……初次分配和再分配要处理好效率和公平的关系，再分配更加关注公平”。在2011年的《政府工作报告》中，温家宝总理

①陶治桃主编：《和谐广州建设研究》，广州：广州出版社，2008年版，第81页。
②祝全永：《构建和谐东莞的机制》，《东莞日报》，2005年9月19日。
③张小杰等：《以机制创新化解社会矛盾》，《人民日报》，2006年10月23日。

提出：

合理调整收入分配关系。这既是一项长期任务，也是当前的紧迫工作。今年重点采取三方面措施：一是着力提高城乡低收入群众的基本收入。稳步提高职工最低工资、企业退休人员基本养老金和城乡居民最低生活保障标准。建立健全职工工资正常增长机制，严格执行最低工资制度。二是加大收入分配调节力度。提高个人所得税工薪所得费用扣除标准，合理调整税率结构，切实减轻中低收入者税收负担。有效调节过高收入，加强对收入过高行业工资总额和工资水平的双重调控，严格规范国有企业、金融机构高管人员薪酬管理。三是大力整顿和规范收入分配秩序。坚决取缔非法收入。加快建立收入分配监测系统。通过持续不断的努力，尽快扭转收入分配差距扩大趋势，努力使广大人民群众更多分享改革发展成果。

为了完成上述目标，我们必须综合利用财政、税收等多种手段来平衡利益关系。我们尤其要注重对社会中间层的培养，一个社会只有有了较为稳固的中间层，社会底层才能看到向上流动的机会。而且，强大中间层的存在本身就会为社会起到“稳定器”的作用。在这方面，广东省阳江市大力扶植社会中间阶层的“阳江经验”颇为值得借鉴与推广。[①]

（三）完善利益保障机制

建立健全社会保障机制，才能解决城乡居民的后顾之忧。在这方面，湛江的经验具有典型性。针对湛江市社保覆盖率较低这一实际，他们以失业保险为重点，积极推动养老、医疗等社会保障制度的建立和完善，健全与社会保险、社会救助等相衔接的覆盖面广的

①林华景：《扩大中等收入阶层，促进社会和谐发展——广东省阳江市发展探析》，《学习时报》，2004年12月27日。

社会保障体系，为困难群众的生产生活编织了一个可靠的社会安全网，让困难群众真正享受到改革开放和社会发展带来的成果。[①]此外，他们还建立了“一帮一”扶贫脱贫机制，规定镇级以上机关单位的每个党组织要帮助一个贫困村，每名党员干部要帮扶一户贫困户，目前这项计划已经初见成效。

（四）完善化解利益冲突的机制

针对发展之后社会矛盾较多和繁杂的现实状况。广东省委、省政府切实落实科学发展观，用多种方式化解社会矛盾，确保建立社会稳定的长效机制。一是主动出击，开展细致和深入的调查研究，以及时掌握社会舆情的新动态。力争做到早发现、早解决，尽量将矛盾消灭在萌芽状态。二是创新信访工作制度，畅通信访的渠道。在全国首创领导包案处理信访大案和信访督查专员制度，落实信访工作责任制，把问题解决在信访萌芽阶段。三是强化社会治安防控体系和公共安全防控体系建设。四是加强应急管理工作。随着风险社会的到来，政府的应急管理面临着一系列的挑战。加强应急管理的机制创新也势在必然。五是加强公民道德建设。开展“爱国、守法、诚信、知礼”为主要内容的公民教育，有针对性地解决思想道德建设方面存在的突出问题。[②]

此外，如果有关的社会矛盾和纠纷已经发生，及时启动预防和化解矛盾的机制就显得尤为必要。有鉴于此，广东省司法厅于2006年印发了《广东省司法厅关于围绕构建社会主义和谐社会提高人民调解预防和化解社会矛盾纠纷能力的意见》。该意见的要点主要体

①邓维龙：《关心群众生活　建设和谐湛江》，《求是》，2005年第14期。

②广东省邓小平理论和“三个代表”重要思想研究中心：《化解社会矛盾　构建和谐广东》，《求是》，2006年第23期。

现在如下五大方面：（1）人民调解是有效预防和化解矛盾纠纷的重要机制；（2）正确把握预防和化解矛盾纠纷的指导思想、基本原则和工作目标；（3）加强和完善人民调解预防和化解矛盾纠纷的组织建设和工作机制；（4）全面培训人民调解员，大力提高人民调解员的业务技能和政治素质；（5）切实加强人民调解的基础工作，为预防和化解矛盾纠纷提供保障。佛山市公安局的实践也证明：调解是化解社会矛盾最有效的方式，有利于案结事了，有利于和谐社会的建设。①

总之，只要认识到位、措施得力，我们一定能够有效化解社会矛盾与冲突，将社会矛盾与冲突控制在可控范围之内。也只有有效地减少了社会的矛盾和冲突，和谐社会的根基才能更加稳固，经济建设和人民生活的改善才更加有保障。

①http://www.fszjfy.gov.cn/program/article.jsp?ID=25436.

第三讲

风险预防与社会保障机制

>>

作为现代社会的“稳定器”，社会保障机制应该成为社会管理中的有效手段，起到减少社会不公平、改进中下层社会成员的福利、帮助遭遇风险的社会成员应对各种风险并恢复生活的作用。中国社会保障体系正处于改革过程中，既有国家福利，也有社会保险，还引入了个人账户制，属于一种混合型社会保障。“人人共享”的社会保障体系雏形初步形成。但是，随着经济社会发展，特别是人口老龄化、城市化加速，不断对社会保障提出新的要求，形成新的压力。

社会保障制度是现代社会设计精巧的“稳定器”。中国社会正处于转型和变迁过程中，各种社会矛盾突出。建立健全社会保障制度在构建新型社会管理体系的过程中具有十分重要的作用。2011年3月全国人民代表大会审议并通过的《中华人民共和国国民经济和社会发展第十二个五年规划纲要》，其中就提出“坚持广覆盖、保基本、多层次、可持续方针，加快推进覆盖城乡居民的社会保障体系建设，稳步提高保障水平”。

我国正逐步建立健全覆盖城乡全体成员的社会保障体系。新型农村合作医疗使8亿多农民受益。新型农村社会养老保险试点一年多，已经惠及1亿多农民。2011年7月1日开始试点的城镇居民社会养老保险，将覆盖社会保险体系中“最后的盲点”。至此，在相对成熟的社会救济体系的基础上，社会保险已经成为我国社会保障体系的核心。但是，面临城市化和老龄化的双重压力，我国社会保障制度仍然存在统筹层次低、公共支出较低、平均自付费较高等问题。鉴于此，各种地方性创新实践大量涌现。

一、作为风险预防的社会保障机制

社会保障包括社会保险、社会救助和社会福利等。在现代社会保障体系中，社会保险无疑占有最重要的地位。它起源于19世纪80年代的德国，被看成是现代社会保障制度得以确定的标志。作为工业社会的产物，社会保险是由国家立法规范，面向劳动者建立的一种强制性社会保障制度，包括养老保险、医疗保险、工伤保险、生育保险等，是各国社会保障体系中的主体组成部分①。

（一）风险与社会保障

作为传统社会向现代社会变迁的产物，社会保障是工业革命后风险社会化的结果。风险可以简单地分为个人风险和社会风险。个人风险是指个人或其家庭成员因遭遇疾病、伤残、死亡，以及外部自然灾害等因素的影响而导致个人或家庭生存和发展的困境。社会风险是指由于某种共同性的原因而导致社会成员普遍的生存或发展困境，并引发潜在的社会不稳定。个人风险和社会风险同时存在于任何形态的社会。但在不同的社会，由于风险预防手段的差异会导致社会成员应对风险能力的不同。

表3-1　社会形态与风险的理想类型

	传统社会	现代社会
社会形态	农业社会	工业社会
风险类型	确定性风险	不确定性风险
风险表现	个体化风险	社会化风险
风险保障	家庭保障	社会保障

①郑功成主编：《社会保障学》，北京：劳动与社会保障出版社，2005年版，第298页。

传统社会的风险主要是个人风险，社会风险主要由自然灾害等非社会因素引发。在传统社会，无论是个人风险还是社会风险，均主要依靠个人或家庭来应对，社会或国家并没有专门的手段来处理可能存在的各种风险。进入工业社会后，传统社会存在的致险因素依然存在，并增加了许多新的因素。尤其是引发社会风险的因素相比之前更多了，远不止于传统社会的自然因素的影响。比如经济危机会引发大规模工厂倒闭、普遍性的失业、大规模社会成员的生活困难。因此，社会的发展进步并不意味着造成风险的因素的减少，与此相反，风险因素在增加①。但是，社会的发展却提供了社会化的应对风险的系统手段。在某种程度上，虽然风险增加了，但社会成员应对风险的能力更强了。这是现代社会的优势。

现代社会保障制度就是应对各种风险的现代化手段。它一方面使得社会成员在家庭成员遭遇个人风险时不至于快速致贫，也使得社会不至于在出现系统风险后发生动荡。通俗地讲，它使人们在面临各种风险的时候依然能“活下去”，甚至是“体面地活下去”。增加了人们对生活的信心以及重建生活的勇气，给了人们希望。虽然社会依然充满了不确定，但人们对不确定的担忧更少了。这是现代社会文明的体现，也是社会保障价值和作用的体现。因此，传统向现代的转型，导致风险的普遍化和社会化，需要风险预防手段的现代化。社会保障体系通过将风险预防系统化，实现了风险社会化过程中预防手段的现代化。

（二）社会保障：现代社会的稳定器

1. 社会保障模式及其核心价值：公平与互济

世界上大多数国家都已经建立了与其经济社会相适应的社会保障

①郑功成：《社会保障学：理念、制度、实践与思辨》，北京：商务印书馆，2000年版，第183页。

制度。这些社会保障制度大体可分为四个模式，即福利国家模式、社会保险型保障模式、强制储蓄型保障模式、国家保险模式[①]。

福利国家出自贝弗里奇报告，在社会保障领域福利国家是全民福利的象征。其最大特色就是以公民权利为核心，明确了国家与公民之间的责任关系。国家是为全体国民提供社会保障的直接责任主体，以实现充分就业、收入均等和消灭贫困等为目标。英国是福利国家的最初实践者，北欧国家是其典型代表。社会保险模式确立了国家、雇主和个人之间的权利义务关系，实现风险保障的互济性，以解除劳动者的后顾之忧为目标，实现市场效率和社会公平的协调。德国在全世界首先建立起了社会保险制度。美国是以社会保险为主体，辅之以社会救济。强制储蓄模式是一种强制的公积金制度。它强调雇主和个体为社会保障的责任主体，以立法形式强制缴纳公积金。它是无互济性的完全积累模式，即个人账户积累达到一定条件后给付个人用于养老等方面开支。其代表有新加坡、智利和中国香港。国家保险模式的特点在于，国家完全包办社会保障事务，个人不缴纳任何费用，在保障目标上追求社会公正，在保障范围上几乎覆盖全体国民。苏联等社会主义国家曾普遍采用国家保险模式。

各种不同的社会保障模式虽然在制度设计上各有特点，但是，它们在理念和制度目标上具有一些共同的特点。首先，作为一种再分配手段，它们都以公平为基本原则。缓和社会不公平，创造并维护社会公平，是社会保障制度安排的基本出发点，也是社会保障政策实践的基本归宿[②]。其次是福利性原则。即社会保障的受益人在社会保障方面付出的成本低于其所获得的待遇。社会保障的实际受益

①郑功成：《社会保障学：理念、制度、实践与思辨》，北京：商务印书馆，2000年版，第144—152页。
②郑功成：《社会保障学：理念、制度、实践与思辨》，北京：商务印书馆，2000年版，第257页。

人，主要是缺乏自我能力或自我保障能力不足的中下层社会成员，因而福利性才能真正使社会保障发挥应有的作用。再次，是互济性原则。即社会保障以所有社会成员的贡献为基础，体现现代社会超越血缘之上的新的社会支持网络的形成。简单地讲，就是我为他人作贡献，他人为我作贡献①。

2．社会保障发展历程：社会保障与社会稳定

各种不同社会保障模式的确立，是社会保障制度不断变革的结果，也是各国经济社会发展的实践选择。纵观现代社会保障制度的发展变迁，社会保障经历了由对弱者的救济向全民福祉的转变。有学者将现代社会保障发展划分成三个阶段。第一阶段，社会保障主要针对工业劳动者；第二阶段开始将农民及其他劳动者也纳入社会保障体系，社会保障的公平性增强；第三阶段是建立全体国民共享社会发展成果的完备的社会保障体系②。虽然现代意义上的社会保障以人的基本权利即生存权和发展权为核心理念，主张保护弱者的权利，实现社会成果的“人人共享”，但是，社会保障作为一种制度手段的出现和成长，却是工业革命后社会矛盾冲突的结果。

19世纪后半叶，资本主义开始从自由竞争阶段向垄断阶段发展。垄断资本主义的发展，使得企业倒闭，大量工人失业，社会矛盾异常尖锐。工人阶级为了维护自己的生存权利，争取养老、医疗、失业等方面的保障进行了激烈的斗争。各种社会斗争运动和革命此起彼伏。为了维护统治，资产阶级曾采取多种镇压手段。但工人运动并没有因此而减少。在此前提下，德国通过一系列社会保险措施，达到了缓解社会矛盾的目的。社会保障被当作“消除革命的投资”，起到了维护社会稳定、减少社会冲突的作用③。

①郑功成：《社会保障学：理念、制度、实践与思辨》，北京：商务印书馆，2000年版，第261页。
②郑功成主编：《社会保障学》，北京：劳动与社会保障出版社，2005年版，第153页。
③郑功成主编：《社会保障学》，北京：劳动与社会保障出版社，2005年版，第299页。

从各国社会保障模式的共同特点和社会保障的发展历程中，我们能够发现社会保障机制在缓和社会矛盾、维护社会稳定方面的作用。所以，社会保障制度是现代社会设计精巧的“稳定器”。中国社会正处于转型和变迁过程中，各种社会矛盾突出，建立健全社会保障在构建新型社会管理体系的过程中具有十分重要的作用。2011年3月全国人民代表大会审议并通过的《中华人民共和国国民经济和社会发展第十二个五年规划纲要》，其中就提出“坚持广覆盖、保基本、多层次、可持续方针，加快推进覆盖城乡居民的社会保障体系建设，稳步提高保障水平”①。作为“稳定器”，社会保障机制应该成为社会管理中的有效手段，起到减少社会不公平，改进中下层社会成员的福利，帮助遭遇风险的社会成员应对各种风险并恢复生活的作用。使社会成员在遭遇各种困难的时候，能通过制度化的方式寻找到走出困境的途径。

二、中国社会保障现状

中国社会保障体系正处于改革过程中，既有国家福利，也有社会保险，还引入了个人账户制②，属于一种混合型社会保障。混合型保障是传统国家保障的遗留，也是渐进改革的过程体现。在实质上，它体现了社会福利资源的体制分割。虽然如此，中国社会保障制度改革方向的社会保险取向是坚定的。体制内的国有企业，通过改革已经实现了社会保障的社会化。剩下的事业单位和公务员基本养老制度的变革已经变成社会关注的焦点。2009年在广东等五省市推进的事业单位养老制度改革试点③，将争议和关注推向了高潮。同

①新华社北京2011年3月16日电：《中华人民共和国国民经济和社会发展第十二个五年规划纲要》。

②郑功成：《社会保障学：理念、制度、实践与思辨》，北京：商务印书馆，2000年版，第153页。

③王延中等：《国家公职人员养老保险制度改革的国际经验》，陈佳贵等主编：《中国社会保障发展报告（2010）》，北京：社会科学文献出版社，2010年版，第336页。

时，也印证了社会保障改革社会保险的路径取向。另一方面，社会保障体制改革也提出了“人人享有公平的社会保障”的目标，即逐步健全“覆盖城乡居民的社会保障体系”[①]。简言之，“以社会保险为核心，建立覆盖城乡的社会保障体系”，是中国社会保障体制改革的目标。在这一目标导向下，近年来中国社会保障体系建设取得了长足发展。

（一）基本养老保险

老年保障是社会保障体系的核心[②]。随着中国人口老龄化速度加快，建立覆盖城乡的老年保障制度对经济社会的健康运行具有重要的作用。中国目前的老年保障主要由城镇企业职工基本养老保障、事业单位和公务员退休金、新型农村社会养老保障以及其他老年社会福利构成。2009年开始的五省市事业单位职工基本养老试点改革，将改变事业单位养老的国家福利，形成统一的城镇职工基本养老保险。新型农村社会养老保险也于2009年开始在全国部分省市试点。由此，覆盖城乡的基本养老保险的雏形已初步形成。

1. 城镇职工基本养老保险

表3-2　1990—2009年城镇职工基本养老保险参保情况[③]

	城镇就业人数（万人）	在职参保人数（万人）	在职参保人数占比（%）
1990	17041	5200.7	30.5

①新华社北京2011年3月16日电：《中华人民共和国国民经济和社会发展第十二个五年规划纲要》。
②王延中：《构建人人共享的发展型社会保障制度》，陈佳贵等主编：《中国社会保障发展报告（2010）》，北京：社会科学文献出版社，2010年版，第54页。
③数据来源：《中华人民共和国统计年鉴（2010）》，参见http://www.stats.gov.cn/tjsj/ndsj/2010/indexch.htm. 下文未作注释的表格数据，其来源相同。

（续上表）

1995	19040	8737.8	45.9
2000	23151	10447.5	45.1
2001	23940	10801.9	45.1
2002	24780	11128.8	44.9
2003	25639	11646.5	45.4
2004	26476	12250.3	46.3
2005	27331	13120.4	48.0
2006	28310	14130.9	49.9
2007	29350	15183.2	51.7
2008	30210	16587.5	54.9
2009	31120	17743.0	57.0

计划经济体制下，退休职工享受由原单位发放的退休金。国有企业的经营困境使国有企业不得不进行改革。由此，中国城镇职工基本养老保险改革拉开了帷幕。经过20多年的改革，城镇职工基本养老保险日益成熟，已基本确立了国家、企业和个人共同出资基本养老保险模式。而且，其规模和覆盖面都在日益扩大。

从表3-2可以看出，一方面，城镇职工基本养老保险的参保规模不断扩大。从1990年到2000年，十年间参保人数由5200万人增加到10447万人。到2009年底，参保人数增长到17743万人。另一方面，覆盖面也进一步扩大。1990年，只有30％的城镇就业职工参与基本养老保险，到2000年，增长到45％。2009年底，在职参保人数已经达到城镇就业人数的57％。

表3-3 1995—2009年城镇职工基本养老保险基金收支情况

	参保的退休人数（万人）	收入（亿元）	支出（亿元）	平均人年支出[①]（元）
1995	2241.2	950.1	847.6	3781.9
2000	3169.9	2278.5	2115.5	6673.7
2001	3380.6	2489.0	2321.3	6866.3
2002	3607.8	3171.5	2842.9	7879.9
2003	3860.2	3680.0	3122.1	8087.9
2004	4102.6	4258.4	3502.1	8536.3
2005	4367.5	5093.3	4040.3	9250.8
2006	4635.4	6309.8	4896.7	10563.6
2007	4953.7	7834.2	5964.9	12041.3
2008	5303.6	9740.2	7389.6	13933.3
2009	5806.9	11490.8	8894.4	15317.1

城镇职工基本养老保险在规模和覆盖面不断扩大的同时，养老保险受益规模也在不断扩大。表3-3显示，参保的城镇职工中退休人数从1995年的2241万人上升到2009年的5806万人，说明领取养老金的人数成倍增长。养老金的收入规模和支出规模在15年的时间内均增长了10倍。根据每年的养老保障的支出和参保退休人数来初步测算，平均每个退休老人在1995年每年的养老金仅3781元。到2009年，平均每人每年的养老金达到15317元[②]。

2．新型农村社会养老保险

我国农村社会养老保险制度方面的探索已有20多年的历史。1986年，我国就在一些经济较发达的地区开始了农村社会养老保险制度的试点，并在试点的基础上于1992年1月3日在全国实施。从

①平均人年支出，即平均每人每年的支出。该指标本文的实际意义，是每年养老支出平均到每个退休参保老人的数量。

②该数据由平均每年养老基金支出除以每年参保人数中的退休人数得到，计算按当年价格。

此，参加养老保险的农民人数不断上升，到1997年底，已有8000多万农民参加养老保险。但是，由于条件不成熟，农村养老保险在全国实施的情况并不乐观。2003年以后，各地开始了新型农村养老保险试点。许多地方在探索新的农村养老保险模式方面取得了一定的突破和进展。到2007年底，全国已有31个省区市的近2000个县不同程度地开展了新型农村养老保险试点工作，有5000多万农民参保，积累保险基金300多亿元，有300多万参保农民领取了养老金[①]。

2009年8月18日，全国新型农村社会养老保险试点工作会议在北京召开。会议决定，2009年在全国10%的县（市、区）开展新型农村社会养老保险试点。同年9月1日，国务院下发了《国务院关于开展新型农村社会养老保险试点的指导意见》[②]，“新农保”试点工作在全国展开。“新农保”实施社会统筹与个人账户相结合的基本模式和个人缴费、集体补助、政府补贴相结合的筹资方式。年满16周岁（不含在校学生）、未参加城镇职工基本养老保险的农村居民均可在户籍地自愿参加“新农保”。而且，试点地区年满60岁的老人可直接领取基本养老金。

表3-4 2007—2010年农村社会养老保险参保人数[③]

	年末参保人数（万人）	领取养老金人数（万人）
2007	5172	392
2008	5595	512
2009	7277	1335
2010	14300	4243

①新华社北京2009年1月8日电，《怎样建立新型农村社会养老保险制度》。http://news.xinhuanet.com/newscenter/2009-01/08/content_10625710.htm.

②国发[2009]32号：《国务院关于开展新型农村社会养老保险试点的指导意见》，国务院公报。

③数据来源：《中国劳动统计年鉴（2008）》、《中国劳动统计年鉴（2009）》、《中国统计年鉴（2010）》等。

表3-4表明，自2009年实施“新农保”以来，参保农民数据明显上升。相比2008年，2009年参保人数上涨30%。与2009年相比，2010年参保人数增长了90%。“新农保”的受益人更在短短两年内增长了7倍。统计显示，截至2010年12月底，国家新农保试点地区共有1.03亿人参保，2863万人领取养老金。加上15个省份的316个县（市、区、旗）主动开展新农保试点，试点地区共有1.43亿人参保，4243万农村居民领取了新农保养老金。北京、天津、上海、江苏、浙江、青海、宁夏、西藏、海南实现新农保制度全覆盖①。

（二）基本医疗保险

与养老保险相似，我国的医疗保障制度主要由以下几部分构成：公费医疗、城镇企业职工基本医疗保险、农村新型合作医疗和城镇居民医疗保险。其中，城镇企业职工基本医疗保险和农村新型合作医疗是医疗保障体系的主体。截至2009年，城镇职工基本医疗保险的参保人数达到21937万人②，“新农合”的参保人数达到8.33亿人③。两者合计10.55亿，占当年全国总人口的79%。

1．城镇职工基本医疗保险

城镇职工基本医疗保险经历了与养老保险相同的变革过程。1998年，国务院下发了《关于建立城镇职工基本养老保险制度的决定》，明确了城镇职工基本医疗实行社会统筹与个人统筹相结合的模式④。随着进入城市的农民工日益增多，许多城市比照职工基本医

①王茜：《中央财政增加123亿元用于新农保试点补助》，《南方周末》，2011年4月21日。http://www.infzm.com/content/58082.

②中华人民共和国统计局：《中国统计年鉴（2010）》，参见http://www.stats.gov.cn/tjsj/ndsj/2010/indexch.htm.

③中华人民共和国卫生部主编：《新型农村合作医疗情况》，《中国卫生统计年鉴（2010）》，北京：中国协和医科大学出版社，2010年版，第349页。

④王延中：《构建人人共享的发展型社会保障制度》，陈佳贵等主编：《中国社会保障发展报告（2010）》，北京：社会科学文献出版社，2010年版，第60页。

疗保险，将农民工的医疗保险也包括进来。

表3–5　城镇职工基本医疗保险参保情况

年份	城镇就业人数（万人）	年末参保在职人数（万人）	在职参保人数占比（%）
1995	19040	702. 6	3. 69
1996	19922	791. 2	3. 97
1998	21616	1508. 7	6. 98
1999	22412	1509. 4	6. 73
2000	23151	2862. 8	12. 37
2001	23940	5470. 7	22. 85
2002	24780	6925. 8	27. 95
2003	25639	7974. 9	31. 10
2004	26476	9044. 4	34. 16
2005	27331	10021. 7	36. 67
2006	28310	11580. 3	40. 91
2007	29350	13420. 0	45. 72
2008	30210	14987. 7	49. 61
2009	31120	16410. 5	52. 73

表3-5显示，城镇职工基本医疗保险参保人数在1998年只有1508. 7万人，仅占城镇就业人口的6. 98%。《关于建立城镇职工基本养老保险制度的决定》实施之后，参保人数和规模大幅度上升。到2000年，也就是《决定》实施后两年，参保人数达到2862. 8万人，占城镇就业人口的12. 37%。到2009年底，参保总人数达到16410. 5万人，规模相当于1999年的10倍多。而且，参保人数占城镇就业人数的比重达到52. 73%。加上参保的离退休人员5526. 9万人，2009年医疗保险的城镇企业职工相当于城镇就业职工的70%。

2. 新型农村合作医疗

农村实行家庭联产承包责任制后，大多数农村的集体经济开始解体。以集体经济为基础的农村合作医疗也濒临解体。在此期间，国家和社会的“双退出”，使得农民的医疗保障以个体和家庭自我保障为主。

表3-6 2003—2010年新型农村合作医疗发展情况[①]

	试点县数（个）	参合农民数量（亿人）	农民参合率（%）	受益人次数（亿人）
2003	304	0.43	74.0	
2004	333	0.80	75.2	0.76
2005	678	1.79	75.6	1.22
2006	1451	4.10	80.7	2.72
2007	2451	7.26	86.2	4.54
2008	2729	8.15	91.5	5.85
2009	2716	8.33	94.0	7.59
2010	2678	8.36	96.0	10.87

2003年，国家开始实施新型农村合作医疗试点工作。经过四年的试点，到2006年“新农合”已在全国1451个县级行政单位开展，参合人数超过4亿。2007年，“新农合”在全国推广。当年参合人数就达到7.26亿。随着“新农合”的不断推进，“新农合”已基本实现县级行政单位全覆盖（全国共2858个县级行政单位）。截至2010年，“新农合”的“参合”人数达到8.36亿，基本实现农村人口全覆盖。

①数据参考以下资料：王延中：《构建人人共享的发展型社会保障制度》，陈佳贵等主编：《中国社会保障发展报告（2010）》，北京：社会科学文献出版社，2010年版，第61页；中华人民共和国卫生部主编：《新型农村合作医疗情况》，《中国卫生统计年鉴（2010）》，北京：中国协和医科大学出版社，2010年版，第349页；中华人民共和国卫生部：《2010年我国卫生事业发展统计公报》，http://www.moh.gov.cn/publicfiles/business/htmlfiles/mohwsbwstjxxzx/s7967/201104/51512.htm.

三、社会保障中存在的问题

近年来，中国的社会保障在改革中不断前进，已经改变社会保障的社会救济面貌，正逐步建立起健全的社会保障体系。作为社会保障主体的社会保险，在规模和覆盖面上日益扩大，并已确立覆盖城乡的养老保险和医疗保险。“人人共享”的社会保障体系雏形初步形成。但是，经济社会发展，特别是人口老龄化、城市化加速等方面，正不断对社会保障提出新的要求，形成新的压力。同时，改革中的社会保障体系仍处于不断完善中，原有的问题和矛盾也会不断地涌现出来。

（一）经济社会发展给社会保障带来的压力

1. 人口老龄化的压力

根据国际通用标准，65岁及以上老人比重达到7%就标志着一个国家或地区开始步入老龄社会。2000年第五次人口普查，我国65岁及以上老龄人口比重达到6.96%。此后，我国开始步入老龄化社会。而且人口老化的速度在加快。2010年第六次人口普查，我国65岁及以上老龄人口比重达到8.87%。人口老龄化意味着一个社会的负担加重。另一指标，老年抚养比①更准确地反映了一个社会劳动人口的抚养负担。2010年，我国老年抚养比达到11.9%。

人口老龄化意味着需要更多的资源投入到非劳动力人口上。由于生命周期效应，老年人对医疗服务的需求也将增加。从退休金和医疗保障两个方面，对社会保障资源提出更高的要求。简单地讲，从社会整体来讲，劳动年龄人口的负担将更重，国家也需要将更多的资源投入到养老领域。

①老年抚养比=（65岁及以上人口数）/（15—64岁人数）×100%，即每100名劳动年龄人口负担多少老年人。参见刘铮主编：《人口学词典》，北京：人民出版社，1986年版，第179页。

2. 快速城市化的压力

城市化一方面意味着大量的农村人口转变为城市人口，另一方面也意味着城市的扩张，农村转变为城市，即城市规模从人口和土地两个角度的增长。改革开放以来，中国城市化过程急速发展。1982年，农村人口占绝大部分，超过79%。城镇人口不足21%。30年过去了，2010年城镇人口的比例将近50%。

城市人口的扩张，需要社会保障在养老、医疗、就业、生育等方面满足城市移民的要求，比如农民工的社会保障、暂时未就业的大学毕业生的社会保障等，已经成为许多城市急切需要解决的问题。另外，城市的地理扩张需要土地，农村土地被大量征用，导致"被征地"农民失去了传统的土地保障。如何解决"失地农民"的社会保障，也是社会保障面临的难题。

（二）社会保障中存在的具体问题

1. 社会保障的覆盖面低

新型农村合作医疗使8亿多农民受益，新型农村社会养老保险试点一年多已经惠及1亿多农民。农村养老和医疗保障的制度化，与已经长期存在的社会救济一起，构成了农民的生活安全保障网络。这些政策改变了国家和社会在农民社会保障上的"双退出"，使广大农民也能真正共享发展的成果。农村各项社会保障政策实施后，中国已经基本确立覆盖城乡的社会保障体系。但是，覆盖城乡并不意味着就是覆盖城乡所有社会成员。从社会成员的角度来看，中国社会保障离"人人享有社会保障"仍有一定的距离。

社会保障规模在日益扩大的同时，存在覆盖面比较低的问题。主要表现在以下几个方面：

首先，现有社会保障政策从就业状况和户籍两个角度来区分，存在一个"盲点"。有一个人群并未被现有社会保障政策考虑进去，那就是未就业的城市居民和大量的“农转非”的被征地农民。因为他们没有固定职业，不能参加城镇职业基本养老保障和医疗保险。农民从户籍身份的角度可以参加新型农村合作医疗和社会养老保险，但他们也不能参加。针对这一人群，各个地方有各种不同的针对性措施，但是缺乏全国范围内的制度性的解决措施。

其次，无论是基本医疗保险还是养老保障，城镇就业职工的参保率仍比较低。以养老保险为例，近年来参保规模持续上升。到2009年，虽然基本养老保险的参保率已经达到57%。但是，从绝对数量上来看，2009年，全国城镇就业人口达到31120万人，参保人数仅为17743万人，仍有1/3的城镇就业人口未参加养老保险。如果以全国就业人口为基数，参保比例只有20%多一点。最后，针对农村户籍的新型社会养老保险刚刚起步，虽然已经取得巨大的成绩，但截至2010年，仅1.43亿人参与（参见表3-4）。

从社会保障对社会成员的覆盖面来考虑，虽然2011年7月1日启动城镇居民养老保险试点，但到目前为止，城镇未就业居民的保障仍缺乏制度性安排；针对广大农民的新型农村养老保险正在试点过程中，覆盖比例仍比较低；城镇就业职工的社保也未实现全覆盖。因此，要建立“人人共享”的社会保障体系需要在覆盖城乡的基础上，进一步扩大社会保障的覆盖面。

2. 统筹层次低

我国的社会保险资金由个人、雇主和国家三方共同筹措，由个人账户和统筹账户共同管理。全国名义上有600多个地市级的统筹地区，但其中90%以上实际是以县（市）级统筹为基础，各统筹地区之间缴费率不同，待遇标准和具体管理方式也不尽相同。低层次统筹既加大了劳动力流动的难度，也成为流动人口享有社会保障权利的障碍。

因为各地社保管理机构对受益人都有最低年限（15年）和在退

休地持续缴费的规定，对流动人口来说这是一个巨大的障碍。高流动性的“农民工”在跨区域流动中，往往只有选择退保。另外，由于各地经济发展水平不同，社会统筹的标准存在差异，各地还规定劳动力跨地区流动只能带走个人账户缴费部分，占较大比例的统筹账户基金被留在当地社会统筹基金中。大量的单位缴费成为社会统筹中沉淀的公共基金，因此，高流动性农民工的大规模退保变成了有利于“务工地”地方政府的行为。在某种程度上变成了“穷人”补贴“富人”——因为农民工并没有从“务工”企业为其缴纳的社保中获得好处，而间接补贴了“务工地”社保的受益人。

农民工作为结构性高流动群体，凸显了低层次统筹的问题。“缴纳37年社保无处领取退休金，打官司7年均败诉”[①]的蒋乃群作为低层次社保统筹的典型个案，已成为中国社会保障体制变革的历史见证。

2002年元旦，蒋乃群开始盘算领取养老金的事情。这年4月7日，他将正式退休。身为高级工程师的蒋乃群，从1962年开始在大型国有企业南京汽车厂（下称南汽）工作。20世纪80年代，他是南汽常驻意大利的业务代表，负责南汽依维柯有关技术的引进工作。1989年，蒋乃群以“停薪留职”的方式离开南汽，成了无数到深圳淘金的新移民中的一员。几经辗转，于1995年应聘到深圳的一家民营企业，直到退休。

但是，接下来的事情出乎他的意料。深圳和南京两地的社保局拒绝向蒋乃群支付养老金。深圳市社保局告诉他：根据《深圳经济特区企业员工社会养老保险条例》第23条规定，非深圳户籍的员工必须实际缴费年限累计满15年，才能享受按月领取养老金的待遇。

①参见http://news.sina.com.cn/s/2010-01-20/171719509499.shtml.

而蒋乃群在深圳的实际缴费年限只有7年，因此，不具备在深圳市按月领取养老金的条件。南京市社保局的理由似乎也很充分：按照国务院相关文件的规定，在哪里缴纳社保金就应该在哪里领取养老金。所以蒋乃群应该在深圳领取养老金，因为南京没有他的社保号。

在国有和民营企业工作一辈子，却无法领取养老金。从此，蒋先生开始了七年的维权历程。七年间，缠绕各方的问题是：南京社保局没错，深圳社保局没错，蒋乃群个人也没错。那么，到底是谁错了呢？

问题的关键就在于没有建立全国统一的社保转移制度，社保统筹的层次太低。值得庆幸的是，2009年12月29日，国务院出台了《城镇企业职工基本养老保险关系转移接续暂行办法》，包括农民工在内的参加城镇企业职工基本养老保险的所有人员，其基本养老保险关系可在跨省就业时随同转移。但对蒋乃群来说，这一规定来得太迟了。在苦苦抗争七年后，2008年11月，国家人力资源和社会保障部派人找到蒋乃群，协商解决他的问题。从2009年1月1日开始，蒋乃群可以每月从南京社保局领取1500元的养老保险，并享受医保待遇①。

3．社会保障的公共支出比例较低

社会保障具有公共物品的性质，政府在其中发挥着重要的作用。除了从立法的角度来确立社会保障的规则外，政府还直接承担着社会保障投入的职责。主要发达国家财政支出的很大一部分都投入社会保障领域。表3-7摘录了经济合作组织（OECD）主要国家近年来社会支出占GDP的比重，数据显示：发达国家的社会保障支出占GDP的比重均超过了15%，法国、德国、挪威、英国等国甚至超过了20%。

①参见http://news.sina.com.cn/s/2010-01-20/171719509499.shtml.

表3-7　2002—2007年OECD主要国家社保支出占GDP的比重[①]

	2002	2003	2004	2005	2006	2007
澳大利亚	17.5	17.8	17.7	16.5	16.1	16.0
加拿大	17.1	17.2	16.6	17.0	16.9	16.9
智利				11.2	10.5	10.6
法国	28.6	29.0	29.1	29.0	28.6	28.4
德国	27 0	27.3	26.7	27.2	26.1	25.2
日本	17.8	18.1	18.2	18.6	18.4	18.7
墨西哥	6.8	7.3	7.2	6.8	7.0	7.2
挪威	23.6	24.5	23.2	21.7	20.4	20.8
土耳其				9.9	10.0	10.5
英国	20.0	20.5	21.1	20.6	20.4	20.5
美国	15.9	16.2	16.1	15.8	16.0	16.2

从2002年到2009年，中国的GDP成倍增长，财政支出也由20000多亿元增长到了将近80000亿元。社会保障支出也有所增加，由1390多亿元增加到7600多亿元，社保支出占财政支出的比重也由6.30%增长到2009年的9.97%。但相对中国的GDP而言，社保支出确实太少了。从总量而言，中国GDP已超过日本，位列世界第二。但社保投入近来一直徘徊在2%的水平。近年来我国社保支出不仅投入少，而且增长缓慢。相比GDP和财政支出增长而言，速度要慢很多。中国跟墨西哥一样，都是发展中国家。但墨西哥的社保投入占GDP的比重近年来一直保持在7%的水平。相比而言，中国不仅同发达国家有很大的差距，而且与发展中国家相比仍存在较大的投入差距。

①数据来源：http://stats.oecd.org/Index.aspx?DataSetCode=SOCX_AGG.

4. 医疗费用持续上涨，个人支付比例较高

2011年4月，“结石病人住院一月花费45万元、输液330公斤”的报道充斥各门户网站的头条。根据报道，49岁的湖北籍外来工吴喜英，因胆管结石于2月21日入住东莞市凤岗镇广济医院，经过先后两次手术、共28天的治疗，终未能痊愈，于3月21日死亡，留给丈夫肖国海一张45万元的欠费单。在医院出具的9页纸的住院费用表中，血浆用了14450毫升，够正常人全身换血近4次；仅氯化钠、葡萄糖等液体的总重量约330升，足够正常人洗10次澡[①]。该报道在各大网络社区引起有关“天价”医药费的讨论，也触动了人们有关居高不下的医疗费用的敏感神经。

表3-8　1990—2009年门诊及出院病人平均医疗费用[②]

	门诊病人次均医疗费用（元）	出院病人人均医疗费用（元）
1990	10.9	473.3
1995	39.9	1667.8
2000	85.8	3083.7
2005	126.9	4661.5
2006	128.7	4668.9
2007	136.1	4973.8
2008	146.5	5463.8
2009	159.5	5951.8

这是一个极端案例，但从一个侧面反映出了当前医疗体制中“看病贵”的问题。据统计，2010年，医院门诊病人次均医药费用166.8元，比上年上涨9.7%；住院病人人均医药费用6193.9元，比上

①参见http://news.sina.com.cn/s/2011-04-08/015422253720.shtml.

②数据来源：中华人民共和国卫生部主编：《中国卫生统计年鉴（2010）》，北京：中国协和医科大学出版社，2010年版，第98页。

年上涨9.0%；住院病人日均医药费用590.6元，比上年上涨9.3%①。从以上三个医疗费用的指标，可以看出医疗费用不仅很高，而且上涨幅度较大。表3-8统计了1990年到2009年门诊及出院病人的平均医疗费用情况。我们可以发现，从2000年到2009年的十年间，门诊费用和住院费用双双翻番，前者由85.8元增长到159.5元，后者从3083.7元增长到5951.8元。

改革开放以来，医疗开支持续上涨。同时，政府、社会和个人在医疗开支中的比例也发生了变化。总体而言，国家支出比例逐步下降，并维持最低份额。个人支出比例持续上升，到目前为止仍保持最高份额。这说明，日益上涨的医疗开支并不是因为国家补贴或社会保障支出大幅度上升造成的，而是相应地转嫁给了每个个体社会成员。一方面是医疗费用日益上涨，另一方面个人在医疗费用中又承担了最大的份额，双重的压力使“医疗开支”成为个人和家庭的重要负担。因此，医疗保障制度需要在“人人享有医疗保障”的基础上降低医疗费用，减轻社会和个人的医疗负担。

四、社会保障的创新实践

允许地方实践是中国改革的特点之一。这一特点也体现在社会保障制度的改革中。在成熟健全的社会保障体制还未确立起来之前，各个地方政府结合自身的实际情况，在中央政府的指导下进行了大量的创新型实践。这些创新型实践既是改革的急先锋，也是全国范围内社会保障改革的典型样本。它既呈现了在制度不完善情况下地方型社会保障福利改善的可能性，也为突破改革的掣肘、完善现有社会保障体系提供了实践蓝本。

①中华人民共和国卫生部：《2010年我国卫生事业发展统计公报》，http://www.moh.gov.cn/publicfiles/business/htmlfiles/mohwsbwstjxxzx/s7967/201104/51512.htm.

（一）覆盖“最后的盲点”：城镇居民养老保险的地方实践

我国已经初步建立覆盖城乡的社会保障体系。根据户籍，农村户籍人口可以参加新型农村社会养老保险和农村合作医疗。城市人口根据有无固定工作和稳定收入，在社会保障参保领域内被划分为城镇职工和城镇居民，前者参加城镇职工基本养老保险和医疗保险。但是，到目前为止，并没有系统地针对城镇居民的养老和医疗政策。这类人成了养老和医疗保险中的“夹心层”。在建立“人人共享”的全覆盖的社会保障体系过程中，城镇居民成为“最后的盲点”[①]。

对于处于“夹心层”位置的城镇居民的社会保障，已经有地方政府进行了地方性实践。全国范围内已开展居民养老保险试点的地方政府有两个，分别是重庆和西安。重庆由于是统筹城乡综合实验区，已经于2009年9月开始实行城乡居民养老保险。重庆的试点规定“凡具有重庆市户籍，且为16岁以上农村居民、16岁以上城镇灵活就业人员或60岁以上城镇未享受基本养老保险（退休）待遇者，均可申报参加城乡居民社会养老保险”[②]。根据年龄梯次进行区别对待：16—45岁的青年人需要按年缴费，年限需达到15年以上；45—60岁的中年人无年限限定，但需按年缴费，到60岁方可按月领取养老待遇；60岁及以上的老人直接领取基本养老金，但符合条件的子女需参保。同时，对所有年龄段都提供了不同的缴费档次，多缴费多受益。重庆的试点将更多人纳入养老保险制度中来，是推行养老保险社会全覆盖的代表性范例。

①参见http://business.sohu.com/20110503/n306724025.shtml.

②参见http://news.qq.com/a/20091023/000071.htm.

西安市于2011年2月10日正式公布了《西安市城镇居民社会养老保险试点实施办法》，规定行政区域内非农业户籍，年满16周岁（不含在校学生），未参与其他社会保险制度的城镇居民，均可在户籍所在地参加居民养老保险[①]。年缴费分成了7个不同的档次。60岁及以上居民可直接领取基本养老金，每月120元。其余社会成员需要缴费15年（含补交），满60岁以后方可享受退休待遇。如果缴费年限不够15年而又不愿意补交，将一次性支付个人缴费本息。

虽然在政策细节上，重庆和西安的实践存在一定的差异，但它们都试图使社会保障覆盖所有社会成员，实现社会保险全覆盖。城镇居民养老保险如果在全国范围内展开，将是继农村社会养老保险后，社会保障领域又一重要的举措，将真正实现养老保险的全覆盖。同时，试点两地的地方政府将承担更多社保责任，投入更多的公共财政资源。对缴费的中青年来说，根据个人缴费梯次，政府将依据各自标准给予不同的补贴，财政补贴进入统筹账户。试点正式实施时60岁及以上老人将直接领取基本养老金，资本将全部由各级政府补贴。因此，随着社会保障全覆盖的推进，各级各地政府将加大对社保领域的财政投入。

（二）跨地区统筹的先行者："沪宁杭"与"广佛"的经验

统筹层级低是中国社会保障的一个大问题。转型过程的高流动性，使得各地政府都在试图寻求解决这一问题的办法。在珠三角的广州和佛山之间，长三角的上海、宁波和杭州三城之间就已经初步实现了医疗保险的异地结算。

①西安市人民政府办公厅：《西安市城镇居民社会养老保险试点实施办法》，2011年。http://www.wyedu.sn.cn/cms/data/html/doc/2011-03/01/29034/.

珠三角的广州和佛山，在推进广佛一体化的过程中，也正逐步实现参保人员医疗费用的异地结算。2009年10月27日上午，佛山市顺德北滘医院正式完成与广州市社保系统的联网，率先成为广佛“医保同城”首家广州市外广州社会保险定点医疗机构。即日起广州市民可以直接刷医保卡就诊，与在广州市内完全一样，无需先垫付再回去报销[①]。随后，2010年4月，又有8家佛山本地医疗机构成为广佛同城佛山异地医保定点医疗机构，广州医疗保险参保人在这些定点机构就医，可在系统上实时记账享受医保待遇[②]。广佛“医保同城”取得实质性进展。

在上海、宁波、杭州三个城市之间，人员流动频繁，异地工作、生活的现象非常普遍。根据宁波市劳动保障局2009年提供的一组数据，参加宁波市区统筹城镇职工医疗保险，却长期在外地居住或工作的参保人员约有2.58万人，其中在上海和杭州长期居住和工作的参保人员就有5300余人。杭州在宁波居住的有5560多人，上海在宁波居住的也有5600多人[③]。经过充分的调研论证，上海、宁波、杭州三地医保部门协商，最终采取了相互委托联网结算的模式，已定于2009年10月28日正式启动实施。以宁波为例，宁波医保参保人员在上海、杭州看病，在医院先行垫付了费用之后，可到当地的指定医保服务窗口进行结报，且可以自由选择按照本地或上海、杭州的医疗保障范围报销医疗费用[④]。

广佛的定点医院模式实现了医疗保险待遇异地报销，无需自己先行垫付。长三角城市之间的异地就医虽然需要先行垫付，但范围更广。城市之间的创新实践将进一步促进社会保险的跨区域互认，

①参见http://gz.39.net/yjxw/0910/28/1043795.html.

②参见http://news.qq.com/a/20100414/002666.htm.

③参见http://insurance.jrj.com.cn/2009/10/2810446349375.shtml.

④参见http://insurance.jrj.com.cn/2009/10/2810446349375.shtml.

有利于实现低层次统筹的社会保险待遇的跨区域实现。其实，2009年以来，长三角的浙江、江苏、上海三省市已在《长江三角洲地区城市合作（湖州）协议》框架内先行实现省内联网，省内统一医保药品、诊疗及服务设施编码标准，初步实现参保人员在本省范围内持卡就医、异地结算。在区域内异地结算、省内异地结算的基础上，长三角地区将逐步实现基本医疗定点医疗机构互认制度，建立长三角地区参保人员异地就医基本医疗保险服务协管制度，最终实现长三角地区参保人员医疗费用异地结算[①]。

（三）低医疗费不是神话："平价医疗"的"高州模式"

近年来，医疗费用不断上涨（参见表3-8），"看病贵"成为人们关注的焦点问题。对于高医疗费用的原因，存在各种不同的观点。一种典型的观点就认为，在财政投入不足的情况下，医院不得不"以药养医"。被称为"平价与效率的标杆"[②]的"高州模式"使这种观点黯然失色。地处粤西的高州人民医院，是一个县级医院。在财政投入极少的情况下，高州医院却创造了"低医疗费用下提供高医疗服务"的奇迹。

无论是员工工资、医疗水平，还是医疗设备、医院基础设施等方面，高州医院都高于同等级的医院，达到了三级医院水平。作为一个县级医院，它能开展复杂的心脏手术、肿瘤手术甚至肾脏移植手术等三级甲等医院才能实施的治疗。2009年完成心脏手术1809例，连续12年居广东省第二、全国前十。但高州医院的次均门诊费用和住院病人的人均费用都低于同等级医院平均水平。2009年，高

①董理、李卢霞：《长三角地区"医保互通"研究》，《价格月刊》，2009年第12期。
②朱恒鹏、顾昕等：《解析高州模式之调研报告（一）》，《中国医院院长》，2010年第19期。

州医院次均门诊费用是75元，住院费用是6139元。同年，全国三级医院的平均门诊和住院费用分别为203元和9753元，部属医院的门诊和医院费用分别是305元和15197元，省属医院的门诊和医院费用分别是238元和12121元[①]，高州医院远远低于能开展同类医疗活动的医院。

“高州模式”是个神话，但却让老百姓享受到了实实在在的“平价”医疗的实惠。很简单，“花更少的钱能治同样的病”，这就是实惠。这也是老百姓选择高州医院的原因。“价廉物美”的医疗服务，也给高州医院带来了更多的回报。从2001年到2009年，高州医院的病人从2.31万次增加到6.06万次，年手术量从0.75万例增加到1.76万例，年门诊量从45.14万增加到78.67万次，年收入从1.2亿元增加到4.8亿元，资产从2.1亿元增加到8.5亿元。病人来自全国23个省市，据统计，高州医院有一半的病人来自高州市外[②]。

“高州模式”成功的关键就在于通过提供“平价”医疗服务，使医院成为“平民医院”。通过提供高质量的平价医疗服务来吸引病人，不仅减轻了病人的经济负担，也提高了医院的美誉度。这形成了一个良性循环：平价医疗——病人更多——收入更高——资源（人才、医疗设备）更好——更高质量的平价医疗——病人更多。当然，“高州模式”形成的原因很多，但归根到底是它通过各种制度变革找到了良性运转的可持续的“平价医疗”模式。因此，“高州模式”提供了一个在财政投入不足情形下，降低医疗费用、解决“看病贵”问题的实践样本。

①数据来源：中华人民共和国卫生部主编：《中国卫生统计年鉴（2010）》，北京：中国协和医科大学出版社，2010年版，第98页。

②高州医院数据参见朱恒鹏、顾昕等：《解析高州模式之调研报告（一）》，《中国医院院长》，2010年第19期。

第四讲

社会问题的处理与矫正机制

>>

改革开放以来，中国社会开始加速两大历史进程，其一是以城市化、现代化为标志，其二是以改革开放的市场化为标志。这两大历史进程使中国社会进入了一个快速变迁的社会转型时期。这一史无前例的社会转型促使社会结构分化整合，社会运行机制转轨，社会资源和利益重新配置以及社会价值观念急剧变化，导致新旧两种体制严重对峙和激烈冲突，引发了一系列社会问题。社会问题的治理，首先需要完善现代社会控制体系，实施有效的社会控制手段，预防社会问题的滋生蔓延；其次，大力矫治社会规范，规范社会秩序；最重要的是，必须大力发展社会工作，完善现代社会工作制度。

社会问题是一种复杂的社会现象，关于它的定义多不胜数。在学术界，由于不同学者的研究兴趣与侧重点不同，对社会问题的界定是不一样的。美国社会学家米尔斯把社会问题定义为“公共麻烦”，即“社会中许多人遇到的公众性的困扰”[①]。有的学者将社会问题界定为：在一定时期和范围中产生和客观存在的，影响了社会生活和社会机能，引起社会普遍关注并期望动员社会力量进行干预、予以解决的社会失调现象[②]。大多学者是从“客观性存在”、“主观性认识”与“社会性解决”三个方面来界定社会问题的：一个问题是否属于社会问题，它要满足是否具有危害性的客观事实，是否意识到它妨碍人们的正常生活秩序与社会进步，是否需要动员社会集体力量来解决。凡影响社会进步与发展，妨碍社会大部分或一部分成员正常社会生活的公共问题就是社会问题。它是由社会结

①赖特·米尔斯等：《社会学与社会组织》，杭州：浙江人民出版社，1986年版，第10页。
②雷洪：《社会问题：社会学的一个中层理论》，北京：社会科学文献出版社，1995年版。

构本身的缺陷或社会转型过程中社会结构内部出现的功能障碍、关系失调和整合错位等原因造成的。

根据研究的角度，社会问题的类型多种多样。由于社会问题相当宽泛，不同类型的社会问题，其治理方式可能完全不同，因此，首先需要从社会管理的角度划分社会问题的基本类型。

改革开放以来，中国社会开始加速两大历史进程，其一是以城市化、现代化为标志，其二是以改革开放的市场化为标志。这两大历史进程使中国社会逐渐进入一个全新的社会转型时期，其主要标志是：计划经济体制向市场经济体制、农业社会向工业社会、传统社会向现代社会、旧体制内积淀的旧观念形态向适应新体制的新观念形态的转型。这一史无前例的社会转型促使社会结构分化整合，社会运行机制转轨，社会资源和利益重新配置以及社会价值观念急剧变化，导致新旧两种体制严重对峙和激烈冲突，引发了一系列社会问题。中国社会转型时期的社会问题基本可以划分为三种类型①：

一是结构型社会问题。由于历史、文化等众多因素，我国的社会结构系统长期处于功能先决条件不足的状态（现代产业社会的功能先决条件是：其一，必须实现高效率的经济生产；其二，必须防止社会无序化发展和维持国民整合的需要），致使社会结构中积存一些社会弊病，这就是结构型社会问题。如：人口、贫困、城乡关系、经济与产业结构、劳动就业、地区经济发展问题等等。

二是变迁型社会问题。社会变迁，说到底就是社会结构的变迁。随着家庭、亲族之类的基础群体的功能缩小与解体，组织之类的功能群体的大量涌现，地域共同体的解体和社区的扩大，社会结构出现了种种变异，导致社会结构构成要素极不协调的发展以及系统对各构成要素的功能整合不完全，这就是变迁型社会问题。如：

①王强：《社会问题和社会失范的类型、成因、对策雏议》，《中共南宁市委党校学报》，2004年第2期。

自然资源紧张、能源问题、粮食问题、社会福利与社会保障问题、人口流动、农村劳动力转移、核心家庭与独生子女问题、“寻租”与腐败问题等等。

三是偏差型社会问题。社会结构的变化引发了原有的社会规范和价值观念紊乱，导致社会生活中出现“价值冲突”、“失去规范”、“规范混乱”。在这种价值解组的状态下，人的行为易出现偏差。这类社会问题主要指：犯罪、青少年犯罪、吸毒、卖淫、自虐、药物滥用、网络成瘾、精神疾病、集群行为等等。

一、转型期主要社会问题

（一）民意调查显示的主要社会问题

1.《中国社会形势分析与预测——社会蓝皮书》年度调查结果

中国社会转型期，社会热点层出不穷，社会问题丛生。国内许多研究机构长期对民生问题进行社情民意跟踪调查，记录并分析巨变时代的社会热点问题。其中影响较大的当数中国社会科学院社会学研究所每年发布的《中国社会形势分析与预测——社会蓝皮书》。他们每年进行问卷社情民意调查，调查的样本量接近一万份，纳入评价的社会问题约18项以上。通过统计分析，将公众关心的社会问题排序并公布。表4-1是他们公布的结果。

2.“2009年‘两会’热点问题网络调查”结果

中国社会科学院社会学研究所和光明日报在2009年2月联合开展了“2009年‘两会’热点问题网络调查”，近40万网民通过新浪网和光明网踊跃参与。在调查中列出了15类热点问题，询问网民的关注点。结果表明，排在前三位的是“反腐倡廉问题”、“社会保障问题”和“收入分配问题”，公众关注的比例分别为66.8%、58.1%和57.7%；排在第四到第八位的集中在各种民生问题，即

表4-1　突出社会问题年度排名情况

排名	2000	2005	2006	2008	2010
1	腐败	收入差距扩大、贫富悬殊	看病难、看病贵	收入差距扩大、贫富悬殊	住房
2	农民负担过重	地区差距	就业失业	物价上涨	物价上涨
3	就业严峻	社会治安	收入差距扩大、贫富悬殊	看病难、看病贵	收入分配
4	弱势群体缺少社会支持	高失业率	腐败	就业失业	看病难、看病贵
5	收入差距扩大、贫富悬殊	腐败	养老保障	高房价	就业失业
6	社会治安	贫困	教育	腐败	腐败
7			住房	教育	人口问题
8			社会治安	环境污染	资源环境问题
9			社会风气	城乡差距	思想道德败坏
10			环境污染	社会治安	基本公共服务不足

“医疗改革问题”（56.9%）、“住房问题”（44%）、“就业问题”（43.9%）、“教育改革”（42.6%）和“食品药品安全”（40.2%）。其余受到关注的社会问题，还有“环境保护”、“社会风气”、“社会治安”、“社会稳定”等（见图4-1）。

3．广东省社会科学院民生问题调查结果

2003年9至10月，广东省社会科学院社会学与人口学研究所进行

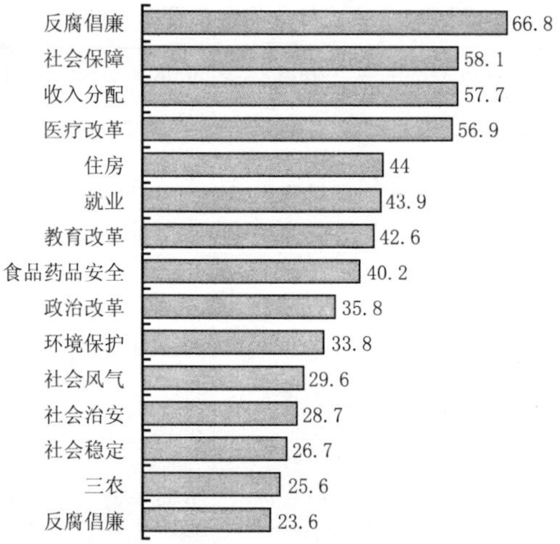

图4-1　网民对社会热点问题的关注度（%）

了一次大规模的社情民意调查[1]，在广东省内共调查样本7500份。在列出的34项“目前在生产生活中您感到最大的困难和问题”中，排在前六位的依次为：医疗、医药费用高；社会治安差，人身家居不安全；下岗或失业；缺乏社会保障；教育费用高；买房、盖房费用高。在列出的27项“目前在生产生活中您最关心的利益”中，排在前七位的依次为：医疗、医药保障；就业、再就业；孩子教育；养老保障；住房；下岗或失业生活保障；房屋拆迁、征地利益。在列出的34项“目前在民生问题上您认为政府最迫切要做的事”中，排在前七位的依次为：整顿社会治安；大力开发就业岗位；加强食品、药品的生产、质量卫生监督管理；加大就业、再就业资金投入；全面落实再就业扶持政策；加强公共卫生建设；保护水质、加强环境治理。医疗、医药费用和社会保障成为广东人民群众关注的最大焦点。

① 《2004年广东社会与文化发展蓝皮书》，广州：广东经济出版社，2004年版。

（二）热点社会问题解析

1. 基尼系数远超警戒线，从平均主义到贫富悬殊的转变

从民意调查结果可以看出，收入差距扩大、贫富悬殊问题每年均排前列。差不多中国20%的人口掌握着80%的财富，短短30多年的时间，中国已经从一个平均主义盛行的国家，转变为贫富差距扩大、收入差距悬殊的国家。联合国有关组织规定：基尼系数若低于0.2表示收入绝对平均；0.2－0.3表示比较平均；0.3－0.4表示相对合理；0.4－0.5表示收入差距较大；0.6以上表示收入差距悬殊。通常把0.4作为收入分配差距的“警戒线”，超过这条“警戒线”便很容易引起社会动荡。

2009年，国家发改委重点课题《促进形成合理的居民收入分配机制》揭示，中国的贫富分化在急剧加速。从1988年至2007年，收入最高的10%人群和收入最低的10%人群间的收入差距，从7.3倍上升到23倍，特别是城乡居民收入差距已达到历史最高水平，城乡整体基尼系数达到0.465。2008年基尼系数为0.469，2009年基尼系数逼近0.5。中国的基尼系数已经超过了警戒线逼近危机线。收入分配问题已经成为影响我国人民社会态度和行为的深层次因素。收入差距过大成为公众高度不满的社会问题，特别是权钱交易、贪污腐败、各种非法致富行为对收入分配的影响，使人民群众产生了强烈的社会不公平感，在很大程度上威胁社会的和谐稳定。

2. 新“三大民生问题”压迫，中产阶级难以壮大

如今，买房贵、上学贵、看病贵成为新的民生三大问题。2006年，“看病难看病贵”问题的突出程度第一次排在了首位。家庭教育支出的平均增长几倍于家庭收入的平均增长。家庭教育和医疗支出过快，完全打乱了正常的家庭消费结构。在农村，疾病和教育正在成为一个新的贫困的诱因。据零点研究咨询集团2010年4月在全

国进行的调查显示，在城市、小城镇和农村地区，分别有49.8%、40.5%和47.7%的受访者表示当前的生活压力比较大或压力很大。压力主要来自物价上涨、就业难、房价高、看病难等方面。

2007年开始，城市房价开始步入快速上涨通道。2007年大量国际热钱涌入中国的房地产市场和股市，房地产企业纷纷上市，房价快速上升，地王频频出现。房价不断上涨使投资者形成房价预期上涨进而形成房地产投资性需求上涨，房地产市场供需关系发生逆转，进入买方市场。2008年美国次债危机引发全球金融危机，随着全国经济出现负增长，中央政府宏观经济政策目标开始转换为保增长，作为拉动内需重要工具的房地产则受到扶持，各级地方政府纷纷出台优惠与扶持政策，这导致2009年房价涨幅飙升到24%，部分城市甚至达到100%[①]。在全球经济低迷的背景下，中国房价创出历史新高。

高企的房价使一部分人买不起房。合理房价收入比（住房价格与城市居民家庭年收入之比）在3－6倍的范围，6倍以上的居民购买住房困难。据国家统计局发布数据，2008年最高收入户的房价收入比只有2.64，而最低收入户的这一指标却达到23.68，相差了8倍。其中，中等收入户的房价收入比为8.23，已经不具备购买房屋的能力。中低收入的居民占全体居民的60%，加上每年需要向城镇转移的农民人口，85%的家庭没有购买住宅的能力。中等收入者往往必须通过借债、极低比例的首付（对应着很高比例的贷款）来获得房产。一旦购置房产，即陷入漫长的、巨额的还款期，变成“房奴”。有的家庭为了帮年轻人买婚房，甚至花掉几代人的积蓄，家庭被迫压缩其他消费支出，从而生活质量下降，出现中产阶级贫困化现象。

①钱滔：《地方政府治理与房地产业的发展》，《浙江社会科学》，2010年第3期。

中产阶级占主流的社会，是比较稳定的社会。中产阶级是社会高层与社会底层的缓冲层，当中产阶级成为社会主体时，社会高层和底层的冲突会缓和，这是社会稳定的政治原因。同时，中产阶级在社会上代表温和的、保守的意识形态，当这种意识形态占主导地位时，极端的和激进的思想和冲突很难有影响力，这是社会稳定的思想原因。此外，中产阶级是引导社会消费的主要群体，当中产阶级占社会的多数时，中产阶级的生活方式就保证了社会庞大稳定的消费市场，这是社会稳定的经济原因。因此，“两头小、中间大”的“橄榄形”社会阶层结构是理想的社会结构。由于中产阶级迫于生活压力难以壮大，有人把这种现象形容为“消失的中产阶级”。社会两极分化严重，从社会阶层结构上容易出现“断裂”。

3．官员“寻租”与腐败，影响政府公信力，破坏社会秩序

传统经济学认为，政府是社会公共利益的代表，其行为目标与社会公共利益是一致的，由于市场失灵的存在，通过政府作用可以更好地实现资源优化配置和社会福利最大化。然而，政府行为目标与社会公共利益之间存在差异。政府官员也是经济人，也要追求自身利益。各级政府机构以及其中的官员都有其独立的局部利益和个人私利，这些不同于社会利益的利益往往会起干扰作用。政府机构本身并不是一个没有自身利益的超利益组织，而是将政府官员的利益内在化为政府的利益。政府官员以“外部”服务为借口和假象，实际上谋求“内部”的私利是“内部效应”。正如“外部效应”构成“市场失灵”的原因一样，“内部效应”构成“政府失灵”的原因。政府推行的各种管制和福利性政策之中，寻租活动盛行。政府干预和管制产生租金，决策者有一种对管制的内在需求，斯蒂格勒称之为“管制需求”。人们把大量资源投到政治交易活动中去，生产活动受到抑制。官员腐败问题在民意调查中始终位于前列，人民对政府的期望之高和大部分地方官员的表现令老百姓过于失望形成矛盾，官员“寻租”与腐败严重影响政府公信力，破坏社会秩序，产生一系列的社会问题。

4. 社会边缘群体扩大，边缘群体直接成为社会问题群体

由于利益分化和社会分化仍在加深，政府基本的公共服务供给不足，社会边缘群体不断扩大，这种边缘群体直接成为社会问题群体。一方面，保证他们正常稳定的生活成了社会的重大责任；另一方面，这个群体又给社会稳定带来了严重的压力。

（三）社会人口问题

社会问题体现在人口上，就成为个体和群体的具体困难和问题。这些人和群体由于某种原因，某些方面功能出现障碍，生活发生困难，需要重新适应社会生活。例如：由于性别比偏高，一些人将无法婚配，出现“光棍潮”，可能冲击家庭和社会的稳定；又由于人口老龄化严重，老年人因为衰老造成的功能丧失和生活质量下降，社会提供的老年服务不能满足庞大老年人口的养老需要；等等。这些问题都是影响社会和谐的重要社会问题。

1. 婚姻家庭方面面临的主要问题

尽管夫妻和睦、婚姻幸福、家庭和谐仍然是当前中国婚姻家庭关系的主流，但我们同样要意识到，伴随着持续的、快速的社会变迁，婚姻家庭关系正在发生重大变化。2010年6月和2011年3月，广东省妇女儿童工作委员会在作《广东省妇女发展规划2011—2020年》时，分别进行了实地问卷调查和网络问卷调查。两次调查的结果显示，婚姻家庭方面突出的问题排在前三位的是离婚率高、婚外情和未婚同居。

2. 当前儿童面临的主要问题

2010年，广东省妇女儿童工作委员会在作《广东省妇女发展规划2011—2020年》时，进行儿童问卷调查。结果显示，现在的儿

表4-2　婚姻家庭方面面临的主要问题

	实地调查		网络调查	
	百分比	排名	百分比	排名
婚外情	57.7	1	59	2
包二奶	31.9	5	31	9
未婚同居	57.5	2	54	3
非婚生子	29.3	7	37	8
单亲家庭	35	4	42	5
无性婚姻	6.3	11	14	12
剩男剩女	21.8	9	42	5
性别比失衡	28.1	8	46	4
男光棍	5.4	12	17	11
离婚率高	55.6	3	61	1
老人再婚	10	10	9	13
独居老人	30.6	6	38	7
家庭暴力	3.2	13	22	10

童面临的主要问题排在前几位的是：容易网络上瘾（占被访问者的69%）；运动不足（占被访问者的51%）；学习压力大（占被访问者的50%）、家务劳动不足和课业负担重（分别占被访问者的43%和44%）。见图4-2。

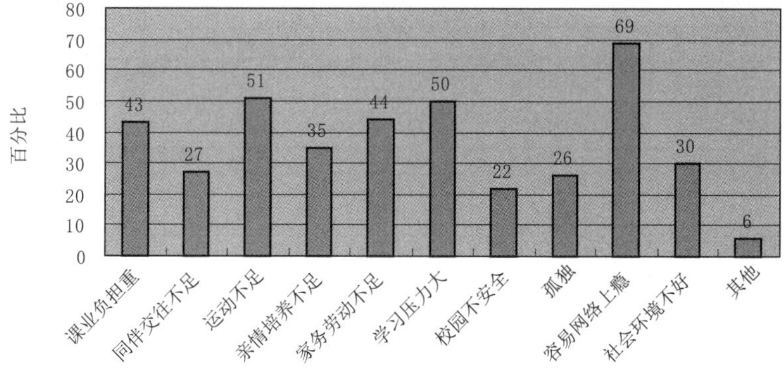

图4-2　儿童所面临的问题

小学生认为儿童面临的主要问题依次为：容易网络上瘾、运动不足、学习压力大、家务劳动不足和课业负担重；初中生认为儿童面临的主要问题依次为：容易网络上瘾、运动不足、学习压力大、课业负担重和家务劳动不足、亲情培养不足；高中生认为儿童面临的主要问题依次为：课业负担重、学习压力大、容易网络上瘾、运动不足、家务劳动不足。高中生要应对高考，课业负担重、学习压力大；初中生有一个明显不同的评价，有半数初中生认为儿童亲情培养不足。初中生正处于青春期，对感情和心理认同的渴求较大，因此，必须加强青春期儿童的心理和情感教育。

随着年级越高，儿童问题越突出的有：课业负担重、同伴交往不足、孤独感。初中生和高中生认同程度相当的主要问题有：运动不足、家务劳动不足、学习压力大、校园不安全。初中生更强调的问题是：亲情培养不足、容易网络上瘾、社会环境不好。见表4-3。

表4-3　分年级的儿童主要问题评价

单位：%

	小学	初中	高中	总体
课业负担重	31.3	56.9	70.4	42.8
同伴交往不足	22.1	33.1	38.3	27.1
运动不足	42.9	65.2	62.4	50.8
亲情培养不足	28.2	50.1	44.2	35.4
家务劳动不足	38.0	53.0	54.0	43.7
学习压力大	40.5	62.9	69.3	49.8
校园不安全	15.0	34.3	32.1	21.8
孤独	19.9	33.1	41.2	26.1
容易网络上瘾	68.2	75.4	63.5	69.0
社会环境不好	22.9	43.1	38.7	29.6
其他	3.1	7.1	14.2	5.8

二、社会越轨者和偏差型社会问题

社会结构的变化引发了原有的社会规范和价值观念紊乱，导致社会生活中出现“价值冲突”、“失去规范”、“规范混乱”。在这种价值解组的状态下，人的行为易出现偏差。社会学将违反某个群体或社会的行为称为越轨。越轨是遵从的反面。遵从可以视为健康的和有正常功能的，对社会系统起稳定作用。越轨是一种病态，是一种机能障碍，它对社会稳定起瓦解作用。社会具有吸纳大量越轨而使之免遭严重后果的能力，少数越轨并不影响社会功能的正常发挥。但长期或广泛的越轨将导致社会功能的失调。越轨广泛流传，可能弱化人们遵从的动机；越轨可能削弱使社会生活成为可能的相互信任的纽带。当越轨渐渐严重地破坏掉对基本社会机构的社会价值观的信任时，或者当越轨引发了社会不能容忍的冲突时，出现社会解组。越轨被贴上标签后，对越轨者将产生重要影响。越轨者身份常常成了他的主要身份，一种居支配地位且限定一个人的社会地位的身份。被标签为越轨者的人常被社会拒斥和疏远。越轨者被送进监狱、医院或其他社会矫正机构。被打上越轨者烙印的人，慢慢地开始围绕越轨者角色构筑他们的全部生活。这类社会问题主要指：犯罪、青少年犯罪、吸毒、卖淫、自虐、药物滥用、网络成瘾、精神疾病、集群行为等等。

（一）自杀

在中国，自杀是第五大重要的死亡原因，是15－34岁年轻人群最重要的致死原因。自杀是影响公众健康的主要问题，它对社会和经济的发展存在极大的消极影响。迪尔凯姆认为，自杀即由死亡者本身完成的主动或被动的行为所导致的直接或间接结果[①]。自2010

①爱米尔·迪尔凯姆：《自杀论》，钟旭辉等译，杭州：浙江人民出版社，1988年版，第56页。

年1月23日富士康员工第一跳起至2010年11月5日，富士康已发生14起跳楼自杀事件，引起社会各界乃至全球的关注。据腾讯网2007年9月18日引自《信息时报》的消息称，广东东莞5个月552人自杀，平均每月共有102人实施自杀，其中近七成为外地人。据东莞120急救中心统计，2007年4月至9月10日，东莞实施自杀行为的人数达552名，其中近七成为新莞人。而东莞首条免费心理咨询求助热线“22113311”从2006年5月设立至2007年底共接到的近万个电话中，其中八成来自新莞人，约两成来电者表示有自杀想法。这些数据表明，自杀隐患在新莞人群体中大量存在，亟须引起重视。

迪尔凯姆把自杀作为一种社会事实进行了系统的研究。他把表面上与他人无关的自杀行为放在社会结构中加以解释，他并不否认某些自杀者的心理状态和个人因素对自杀的影响，但他认为自杀作为一种社会存在，更多地受到社会结构因素的影响，由此可以区分自杀的三种类型：第一种，利己型自杀，社会控制比较微弱，个人与社会联系脱节，由于缺乏社会关爱和温暖导致的空虚、孤独感所造成的个人解脱型的自杀行为；第二种，利他型自杀，由于社会高度整合，社会控制强，个人追求高尚的信念或宗教信仰以及义无反顾的忠诚而献身的行为；第三种，失范型自杀，这种自杀行为是由于社会结构不稳定而导致个人无法适应新的社会需要，与原有社会失去联系而产生的极大的恐慌与不安全感而导致的自杀行为。群体的整合对于自杀有巨大的影响，迪尔凯姆得出的结论是：自杀与由个人组成的社会团体的融合程度成反比关系，这些社会团体包括宗教团体、政治团体和家庭小团体[①]。在社会结构的视角下，自杀是一个社会问题，作为一种社会事实而存在。

①爱米尔·迪尔凯姆：《自杀论》，钟旭辉等译，杭州：浙江人民出版社，1988年版，第165页。

针对农民工自杀问题，大多数的研究视角都是从个人因素的视角来看待。忽略了自杀除了是一种个体心理现象以外，在很大程度上是受一个区域内社会原因与社会状况的影响而采取的行动。

（二）吸毒

毒品问题已经成为当前世界上严重的社会问题。联合国的报告表明，世界上每年的毒品交易高达5000亿美元以上，是仅次于军火的世界第二大买卖。不少人认为21世纪人类所面临的两大难题，其中之一就是毒品。据统计,目前广东境内累计发现、登记在册的吸毒人员已达24万人，在他们身心深受毒品危害的同时，每年挥霍糟蹋的社会财富已超过100亿元人民币，诱发了大量的形形色色的违法犯罪行为。这些吸毒人员中，青少年比例逐年增多，且吸食冰毒、K粉等新型毒品、软性毒品居多。广东吸毒活动前几年主要集中于珠江三角洲地区，现在向粤东粤西粤北地区蔓延，使全省大部分城市都出现了吸毒现象。毒品暴利促使毒品贩卖者铤而走险，把吸毒群体不断扩大，甚至是利用青少年的单纯无知，将其拉下水，以贩养吸。毒品蚕食身心，毒贩诱导青少年吸毒到贩毒的这种恶性行为，更是将吸毒贩毒人群扩大，无视法律的尊严。毒品问题还引发一系列社会问题：犯罪问题、艾滋病蔓延等等。吸毒耗费大量金钱，每当毒瘾发作，会丧失一切理智，为了购买毒品盗窃、抢劫、谋杀、卖淫等等无恶不作。广东一些地方公安早前粗略统计，某些年份当地查处的青少年违法犯罪案件中，因吸毒诱发的高达80%。吸毒是引发新犯罪的一个重大犯罪源，是我们国家高度重视的社会问题。

复吸成为戒毒工作中最为困难的瓶颈。目前戒毒过程并不完整，脱毒并不等于戒毒，它只是戒毒工作的第一步。大部分吸毒人员通过强制戒毒，脱毒走上社会后复吸率非常高。以一年为时间计算，戒除海洛因成瘾者复吸率在90%以上。某戒毒中心对600多名戒毒出所人员进行跟踪调查发现，三年后没有复吸的仅占1%。如此高的复吸率使戒毒工作显得毫无成效，浪费大量金钱与时间。所谓“戒毒十年，一口还原”。社会成员对吸毒者的歧视与戒毒后社会的不接纳，成为复吸的主要原因。据车炜坚1997年对广东省戒毒劳教所的调查，58%的复吸者承认，因吸毒背景使找工作有困难；83%的复吸者感到心情苦闷，觉得自卑，缺乏安全感；50%的复吸者承认有家人亲属不谅解、不接纳的情况，68%的复吸者感到从前的朋友、同学、同事不愿来往；65%的吸毒者的邻里不愿来往并与之疏远。[①]社会成员的不接纳，容易使脱毒人员的心理、情感没有归属，再加上以往毒友与毒犯的再次诱惑，令其重蹈覆辙；社会没有给那些脱毒者提供很好的方向指导与关切的归属，从而也使本身就意志不坚定的他们与毒品再次为伴。

（三）娼妓问题

在中国，娼妓和卖淫都是非法的。改革开放以来，娼妓在我国死灰复燃，尤以经济较发达沿海地区为甚。广东、海南、福建、广西沿海和沿边开放地区以及四川、湖南两个内地省份的城乡卖淫娼妓问题比较严重。香港中文大学医学院的调查表明，有近半北上港男与女性性工作者有性行为，而且不是每次都使用安全套的机会高达56%（2004年）。另有研究也表明，53%的嫖娼者曾在与妓女交易前喝酒，22%的嫖娼者曾与妓女交易前服用精神科药物[②]。

我国从1981年开始，经过25年的“扫黄”，卖淫嫖娼问题依然突出。单从扫黄的持续和坚持意义上说，扫黄并没有减少“小姐”的数量，也没有减少嫖客的数量。性产业在中国是一个被政治化了

①车炜坚：《戒毒人员复吸原因及对策》，《青少年犯罪研究》，1997年第7期。
②来源于《南都周刊》 http://focus.news.163.com/09/1207/09/5PU1846J00011SM9_3.html.

的问题。在这种情况下“小姐”、“妈咪”成为一种见不得光的职业[①]。由于这种非法性和政治性色彩，娼妓问题加速了一系列社会问题的产生：嫖娼卖淫是传播艾滋病的重要途径，嫖娼卖淫猖獗使艾滋病加速传播，严重威胁公共健康安全；此外，还有杀人抢劫、黑社会介入、某些权力群体的腐败以及最被忽略的“小姐”作为人应有的权利被剥夺等社会问题。

（四）青少年犯罪问题

青少年犯罪通常是指已满14周岁不满25周岁的青少年实施了《刑法》和有关刑事法律所规定的犯罪行为。其中已满14周岁未满18周岁的人犯罪称为少年犯罪或者未成年人犯罪。广东省特别是珠三角地区外来务工、闲散流浪的未成年人越来越多，他们没有固定的工作和住所，一旦实施犯罪，往往就是流窜作案，流动未成年人犯罪在广东省未成年人犯罪中占了大多数。从地域分布上看，未成年人犯罪以珠三角为中心，逐渐向粤东、粤西两翼扩散。据统计，近三年来，来自珠三角地区的新收押未成年犯各占当年新收押未成年犯总人数的64.96%、69.23%和71.17%，其中又以广州、深圳、东莞居多。据中央专题调研组的调查数据显示，河南、四川、广东三省未成年人团伙型犯罪案件占未成年人犯罪总数的比例都在65%以上，其中广东省未成年人团伙犯罪高达67.5%，珠三角某市未成年人团伙犯罪更是达到了83.4%。团伙作案成为未成年人犯罪的主要犯罪形式。有的未成年人犯罪团伙拥有严密的组织结构、作案纪律和防侦破措施，已形成黑社会组织的雏形。

药家鑫因为一起轻微的交通事故，竟然将受害者残忍杀死，这不得不引起社会各界的反思：为什么一个受过高等教育和高雅艺术

①参见潘绥铭：《中国性革命成功的实证—— 别将“性”政治化》，2008年。

熏陶的青年，会用如此暴力残忍的手段来解决问题？台湾著名学者张春兴在《教育心理学》一书中从教育层面对青少年犯罪成因进行了深刻检讨，他认为：“如将青少年问题视为一种病态现象，其病因根植于家庭，病象显现于学校，病情恶化于社会”[①]。在青少年教育过程中，存在以下问题：

家庭教育不当，传统的家庭教育体现在说教上，忽略父母的示范作用与以身作则的教育方式，缺少对未成年性格养成教育。药家鑫的例子体现了父母对其性格养成培养的缺失，容易使青少年娇气易怒、心胸狭隘、极端冲动行事、漠视生命，从而导致犯罪行为发生。在流浪儿童的犯罪案件中，体现的是父母对子女教育方式失当问题。大多数流浪儿童家庭缺乏有效平等的沟通，注重惩罚性措施，不是毒打就是恶骂。不仅无法让儿童现有问题得到良好解决，还让儿童在成长历程中无形地学会父母解决问题的方式：暴力。这种以不恰当的“爱”的名义进行的严格管教往往缺乏成效，打骂的方法损伤孩子的自尊心，造成逆反心理，会使孩子养成顽固、残忍以及不诚实的性格特点。阻隔两代人的交流沟通，最终无视父母，无视教师，更极端的是无视法律。一旦受到不良同伴群体的影响，容易在小团伙中形成群体性犯罪案件。

其次，除了家庭教育的缺失，学校对于未成年人的教育失当也与青少年犯罪有关。当前，在以素质教育为口号、追求分数压倒一切的中小学校教育中，一切最关键硬性的指标就是升学率。从学校领导到学校教师，再到学生与学生家长，盲目追求升学成绩，忽略了学校作为未成年社会化的场所之一，所需要提供的人格塑造与性格培养。一些过早辍学的孩子社会化未充分完成，无法正常融入社会，容易被社会上一些不良群体所唆使，走上违法犯罪之路。成绩

①张春兴：《教育心理学》，杭州：浙江教育出版社，1998年版。

优秀的学生在家庭、学校没有受到良好的人格与性格培养，仍然可能导致日后的犯罪行为。

最后，社会环境在塑造青少年人格发展与社会化的过程中也有重要影响。社会上的不良风气对青少年有腐蚀性作用。渲染色情、凶杀、暴力的书籍和音像制品充斥文化市场，严重侵害青少年身心，使部分涉世不深、意志薄弱的青少年腐化堕落。非正规的游戏厅、网吧、台球厅等场所更是诱发青少年犯罪的温床。

（五）青少年网瘾问题

随着计算机网络在我国的迅速普及，互联网已经成为人与世界、社会之间联系的最主要工具。网络以其及时性、便捷性与互动性等特点，成为受大众热捧的对象。作为年轻一代的青少年，对于计算机网络普遍接受运用率较高。他们是随计算机网络不断发展成长起来的一代人。与此同时，网络成瘾成为继毒瘾、酒瘾、赌瘾之后出现的新一种对“物”成瘾性的依赖。网瘾也被称为“网络成瘾综合征”，目前已经作为一种正式界定的疾病纳入到诊断体系当中。网络成瘾指个体反复过度使用网络导致的一种精神行为障碍。中国青少年网络协会公布的《2009年我国青少年网瘾调查研究》调查数据显示，目前，我国城市青少年网民中网瘾青少年约占14.1%，人数约为2404.2万。在城市非网瘾青少年中，约有12.7%的青少年有网瘾倾向，人数约为1858.5万。6－23岁青少年网瘾比例呈上升趋势，18－23岁的青少年在网民中网瘾比例（15.6%）最高；其次为24－29岁的年龄段，网瘾比例为14.6%；13－17岁年龄段的网瘾比例紧随其后，占14.3%。可见，青少年的网瘾问题已经成为一个不容小觑的社会问题。

青少年网络成瘾主要表现在：首先，网络游戏成瘾。近一半网瘾青少年（47.9%）把“玩网络游戏”作为其上网的主要目的并且花费的时间最长。网络游戏大多以暴力和玄幻来吸引人，长期沉迷于网络游戏的青少年大多会模糊现实与游戏世界，严重的导致自我角色的模糊。在一系列的青少年杀人犯罪的案例中，受网络游戏刺激而采取暴力解决问题的案例越来越多。其次，网络关系成瘾。13.2%的网瘾青少年在“聊天或交友”上花费的时间最长。一些青少年沉迷于网络上的虚拟感情，与之交友、恋爱，并代替生活中真正的现实人际关系。虚拟世界中的不真实存在的虚幻人物对于自我认知不完全的青少年充满迷惑性，不仅浪费大量时间，通过网络关系上当受骗也时有发生。网络是能够提供各方面信息的平台，在一个缺少电影等级制度的国家，现实世界中大众对“性”的好奇与禁忌的矛盾，促使青少年在不当使用网络的过程中尤为对色情暴力电影感兴趣。网络上的不良信息会刺激青少年的正常发展。伴随网络游戏与网络关系成瘾，青少年上网还会关注网络色情信息、网络购物信息及其他与个人兴趣相关的网络信息。青少年网瘾有害身心健康发展，不利于青少年的社会化，更容易引发青少年犯罪。它已经成为影响青少年正常成长的一大问题。

中国青少年网络协会公布的《2009年我国青少年网瘾调查研究》发现：对学习成绩自我评价不同的在校学生网民中，网瘾比例呈现出有序差异。自认为学习成绩越不好的在校学生中，网瘾青少年的比例越高。网络为学生提供了一种逃避现实世界的工具。当学生面对最主要的学习产生困难，没有得到很好的疏导时，就容易一头扎进网络世界中，试图用逃避来解决问题。越逃避就越是没有心思学习，成绩越差，自我对于成绩上的满足越没有期待，形成恶性循环。过去对于网络成瘾青少年预防工作，我们大多采用的是思想教育的方式，其实，这种思想教育的模式所达到的效果是极为有限的，治标不治本。在网络成瘾的家庭、学校预防中，我们常常忽略成瘾者对网络依赖的原因，仅仅把网络成瘾作为一种青少年特殊群体的不良行为来看待。这不利于正确认识青少年网瘾问题，也容易忽略网瘾的严重性。

三、转型期社会问题高发的社会根源

在以市场化和城市化、现代化为标志的两大历史进程推进中，中国社会进入了一个快速变迁的社会转型时期。这一史无前例的社会转型促使社会结构分化整合，社会运行机制转轨，社会资源和利益重新配置以及社会价值观念急剧变化，导致新旧两种体制严重对峙和激烈冲突，引发了一系列社会问题和社会失范。

（一）社会失范

社会失范是指：一个社会系统中各种规范准则不再是一个有机构成的完整、统一、协调的体系，而是处于彼此冲撞互相矛盾的分裂、离散状态。当前中国经济的发展带动了社会结构、生活方式、行为方式和价值观念等各方面的深刻变化，增加了重塑社会规范体系的难度，在经济领域、政治领域、道德领域和公众心理层面存在着不同程度的失范现象。

1. 经济领域的失范

经济领域的失范行为主要表现有：采用欺诈的手段进行交易，假冒伪劣商品泛滥；通过诋毁、贬低竞争对手的商业信誉，来相对提高自己商品的声望；采用引诱、胁迫等强制手段，排挤对手，进行不公平的交易；对产品和服务进行虚假广告宣传，通过不正当方式来影响消费者的心理，用以推销产品；采用商业贿赂、回扣等方式进行交易等等。

2. 政治领域的失范

政治领域中的失范行为主要表现是政治行为腐败，以权谋私。

即动用公共权力来实现私人目标，使整个社会的利益受到损害，同时也败坏了政治治理的风气。其主要类型有：通过各种手法利用权力获取不应得的钱款；将国家财产、他人财物非法据为己有；利用权力无限制追求个人享受，损害公共利益；任人唯亲、裙带风、开后门；利用权力垄断经营；从国家投资中分利；凭借权力插手流通交易领域；大办公司，搞“灰色”交易；地方截留国家的收入。腐败不但由政治权力部门向经济、文教、卫生部门泛化，甚至还蔓延到一些司法和行政执法部门。

3. 道德领域的“滑坡”现象

由于以拜金主义为核心的价值观对人们的影响，以及经济、政治领域中失范的发生，而社会舆论又不能成为控制力量，道德观念的约束力减弱。与之相联系的是衡量是非标准的模糊和社会责任感的淡漠，利他主义受到冷落。崇尚集体主义、鄙视奢糜、鄙视利己主义、弘扬互相帮助精神、协作精神的良好社会风气被功利心态和享乐主义所污染。不仅如此，某些社会成员对非法、违法或违反社会公德的行为还进行自我辩解，想方设法寻找合理的或不合理的补偿机制，追求不合法的或者虽然合法但却不符合社会公德的个人利益或小群体利益。生活中封建迷信重新抬头，走私、贩卖毒品、拐卖妇女儿童、制作传播黄色物品、聚众赌博、卖淫嫖娼等违纪、违法和犯罪活动相当严重。

4. 社会公众的心理失范

社会公众心理失范的主要表现有：

（1）公众冷漠。今天社会中出现的公众冷漠，原因在于心态失调与失范。由于功利心态的强化和道德感淡漠泛化的趋向，公众的社会责任感日益丧失，呈现出一种冷漠心态。

（2）躁动不安的公众心态。躁动不安的公众心态指相当多的人在社会剧变时期所特有的一种急不可耐的情绪性反映，一种缺乏理智的盲目心态的总和。首先是功利性色彩浓厚。其次是心理带有明显的情绪性和非理性。

（3）公众心态的盲目性。躁动的社会心态使有序的社会走向混沌，对社会秩序形成潜在的破坏。

（4）公众心态不平衡。随着社会分化的加剧、城乡经济和区域经济发展的不平衡，个人收入差距和社会地位的相对变动，各社会群体中都存在着不同程度的心态不平衡现象。这种心态如果得不到及时的消解，就会积累成为对社会不公的怨尤，增加社会失稳的可能性。

（二）社会失范和社会问题的理论解释

社会学理论认为，在社会快速变化和社会不平等广泛存在的环境里，属于某些群体的人可能很少或根本没有机会通过合法的途径去实现文化上的目标。社会结构限制了他们获得成功的机会。结果，这种群体中的人就会体验到失范，他们可能失去对这些目标的兴趣，或者失去通过合法途径达到成功目标的兴趣，或者同时失去二者。罗伯特•默顿提出结构性紧张理论，解释由失范引起的越轨行为。他认为，这些受阻群体可能以五种方式对其社会失范的困境产生反应。

一是遵从。遵从是最通常的反应。运用文化认可的手段，通过努力工作去达到想要的且社会认同的目标，即使成功的机会比较罕见。

二是革新。接受目标（如财富）但拒绝社会认可的手段，而代之以“新”的非法手段，比如一个人通过贩毒去赚钱去买辆新汽车等。

三是仪式主义。这一类型不常见，这里，机会受阻的个人接受手段但拒绝目标。例如，某人上大学只为获得学位，而几乎可以确定获得学位并非为了找份工作。

四是退却主义。既拒绝目标也拒绝手段，例如隐士，这类人抛开尘世生活，退隐山林。

五是反叛。拒绝文化上赞同的目标和手段，代之以新的与他人协调的目标和手段，运用非传统的方法为新的目标工作。

（三）社会转型冲突

1. 社会结构的失衡与失调

社会结构各要素的结合是相对恒定、协调和均衡的。在社会变迁时期，各结构要素之间的这种恒定的关系不复存在，相互间的关系难免会出现失衡与失调，这是转型社会产生诸多社会问题的最根本原因。

2. 新旧体制的冲突

我国经济体制正处在改革过程之中，由于采取先破后立、单项突进以及行政性分权的改革策略，旧的经济体制被多方突破，新的宏观控制的市场体系在不断完善中，在这种状况下，难免会出现经济秩序的混乱，导致社会财富严重浪费和大量流失，加速了社会分配不公，助长各种腐败现象，引起群众的强烈不满，成为全社会最为关注的问题。

3. 国民收入分配变化引发的群体利益差异及冲突

在利益分化的过程中，由于利益重构改变着几乎所有利益相关者的利益，新的利益差别以及由此产生的利益矛盾冲突也就必然产生。在一个利益分化的社会，利益矛盾成为社会矛盾的常态。由于利益协调机制尚未完善，社会组织发展滞后，各社会群体尤其是边缘群体缺乏话语权，利益矛盾冲突较多。在利益分化的基础上产生了许多社会问题。

（四）社会结构分化

社会结构的分化与变迁主要表现在社区结构、组织结构和社会阶层结构三个层面上。

1. 社区结构

从社区结构看，城乡二元社会结构是改革前中国社区结构的基本特点，目前城乡关系发生了种种变化。原有的城乡社会差异得到缓冲，城乡界线相对模糊，对立的二元结构的城乡关系因此而改变。

2. 组织结构

从组织结构看，改革前中国社会组织结构的基本特点是“党政不分”和“政企合一”。改革后，特别是在不断完善的社会主义市场经济体制条件下，市场机制要求企业成为自主的生产单位，政府通过市场杠杆和法律手段进行宏观调适，历史地导致“政企二元结构”状况。在市场机制的作用下，文化、金融、管理类等各种新的企业类型大量涌现。企业也由于经营状况的不同出现分化。近年加快社会建设步伐，社会组织得到空前发展，新组织类型不断涌现，社会组织的数量和规模大幅增加。

此外，初级社会群体功能开始缩小或解体，由于功能承接不上，产生一系列社会问题。如，独生子女家庭成为中国家庭主体，家庭小型化、核心家庭化，家庭以往的生产功能和养老功能大大削弱。但是社会化的养老服务体系尚未完全建立，产生了日趋严峻的养老问题。

3. 社会阶层结构

从群体结构看，改革前，根据生产关系和阶级利益上的差别，社会活动主体基本上划分为工农两大基本阶级。根据职业身份，又被划分为干部、工人和农民三个利益群体。改革以后，原有的社会群体高度均质化的状况被改变，向多元化方向发展。不同群体之间的流动加速，先富的个人群体身份可以通过自致的个人资源获得改变。出现一些新群体。社会群体的分化从根本上说是由于社会性资源（如收入、权力、教育、职业声望等）在不同社会位置上的再分配，而导致的社会位置间的利益差异和新的利益群体和社会位置的出现。

4．生活方式的多元化

在由传统的社会向现代化社会转型过程中，无论是所有制结构还是社会阶层结构、组织结构、社区结构以及由此而来的利益多元化趋势都在变动和转型，带动了生活方式、行为方式和价值观念等各个方面的变化。整个社会呈现多元一体化的发展趋势，使不同的阶层、职业群体在具体劳动条件、经济收入、消费水平、社会资源占有量等条件上形成明显差异，进而使社会成员呈现出多样化的劳动方式、消费方式、闲暇方式、社会交往方式，生活方式无论在质和量上都发生不同群体间的分化。

5．社会结构变化引发的社会解组

社会的凝聚力和团结精神衰减，传统的风俗习惯与舆论的控制作用降低，旧的规范和价值观念遭到了破坏，而新的规范又未建立起来，这就是社会结构变化引发的社会解组。社会解组就是“传统的崩溃”或影响个人的“规则已经崩溃”，也就是社会生活“失去规则”或“乱了规矩”。偏差行为型的社会问题大多与此有关。

四、社会问题治理的基本策略

（一）社会问题治理的基本思路

社会转型促使社会结构分化整合，社会运行机制转轨，社会资源和利益重新配置以及社会价值观念急剧变化，导致新旧两种体

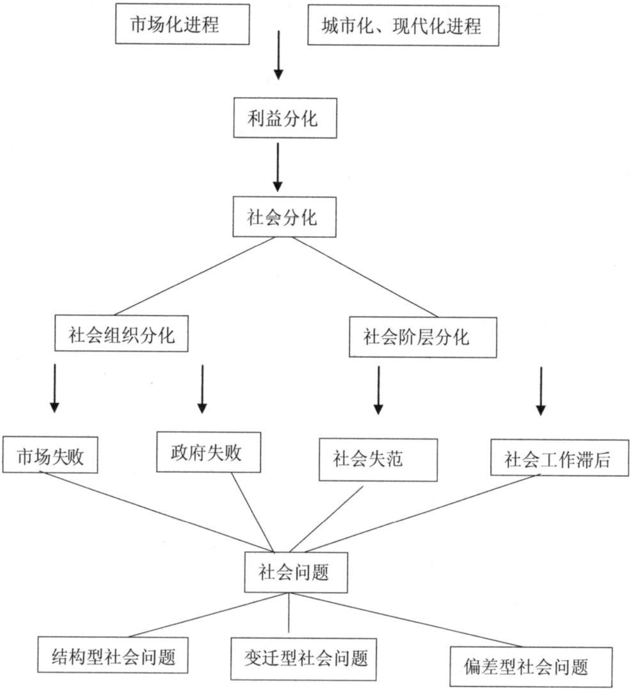

图4-3　社会问题产生的社会根源示意图

制严重对峙和激烈冲突，引发了一系列社会问题。这些社会问题有大有小，有宏观的微观的，有具体的抽象的。因此，社会问题的治理必须分类而治。对于结构型和变迁型社会问题，需要纠正制度缺陷，通过完善制度安排，从源头上杜绝社会问题的产生；对于偏差型社会问题，需要社会矫治机构进行专业矫治。整体而言，首先需要建立健全同转型期社会结构相适应的社会控制体系，预防社会问题的滋生蔓延；其次，大力矫治社会规范，规范社会秩序；最重要的是，必须大力发展社会工作，完善现代社会工作制度。社会工作是现代社会为解决社会问题、化解社会矛盾、维护和促进社会稳定而普遍采取的一项重要的制度性安排，是国家实施社会政策的一项重要基础性工作。

（二）完善现代社会控制体系，实施有效社会控制手段

建立健全同转型期社会结构相适应的社会控制体系，预防社会问题的滋生蔓延。社会控制的目的在于对社会群体和个体的社会行为及价值观念进行指导和约束，对各类社会关系进行调节和制约，以维系社会正常秩序。社会控制主要有内在控制和外在控制。内在社会控制指那些引导人们自我激励并按遵从的方式行动的过程。外在社会控制则是运用各种正式和非正式的社会约束来促使人们遵从的各种外在压力。内在社会控制主要指内化，个人对群体或社会的规范认同。一旦社会规范内化成功，一个人通常会继续遵守它，内化是对越轨行为进行社会控制的最有效途径。正式社会控制是政府通过政权、法律、法规、纪律等手段实现对社会成员价值观和行为方式的控制，这些社会职位包括警察、法官、监狱看守、律师等；非正式社会控制就是通过舆论、习俗、伦理、道德等手段实现对社会成员价值观和行为方式的控制。社会转型期，我国经济的发展带动了社会结构、生活方式、行为方式和价值观念等各方面的深刻变化，社会失范严重。必须重新整合社会规范体系，完善现代社会控制体系，并通过有效运用户籍管理制度、身份证管理制度、社会信用制度、社会工作制度等一系列社会管理手段，实施有效社会控制，减少转型期社会问题的发生。

（三）大力发展社会工作，完善现代社会工作制度

社会工作者是解决社会问题的社会医生，社会工作制度早已成为发达国家有效处理社会问题的现代社会制度，成为贯彻政府的福利政策、确保社会稳定与和谐的不可缺少的社会制度。社会工作为有需要的个人、家庭、群体、组织和社区提供规范化和专业化的社会服务，把党和政府以人为本的理念有效地落实到具体个人和家庭身上，使各项社会福利、社会救助、慈善事业和其他社会保障政策

落到实处，提高人民群众的安全指数、满意指数和幸福指数。社会工作者可以动员社会力量，以提供物品资金、技术和信息、志愿服务等方式，实施社会救助，保障人们的基本生活需要，解决社会问题和弘扬社会公平正义。社会工作是大力建设服务型政府、提升政府社会管理和公共服务水平的重要途径，是维护群众正当权益、密切党和人民群众血肉联系、巩固党的执政基础的重要举措。

社会工作作为一个以解决社会问题、化解社会矛盾为主要内容的职业活动，具有重要社会功能。第一，助人功能，帮助社会上处于不利地位的个人、群体和社区，克服困难，解决问题并预防问题的发生，恢复、改善和发展其功能，帮助他们适应和进行正常的社会生活。一个人有困难，第一是靠自助，第二是靠家人、亲友和邻里支持体系，第三是靠政府、工作单位等正式支持体系。专业社会工作机构利用专业知识，介入案主家庭，链接政府资源和社会资源，为无助者提供有效社会服务，成为日渐重要的社会支持力量。第二，提供与配置资源的功能。通过机构设置、人员配置、社会政策的制定、社会服务的计划与发送等一整套健全、完善的制度体系，调节个人与个人、个人与群体及个人与社会的关系。社工为弱势群体争取资源，以改变他们的生存状态。除了争取政府的社会福利资源外，还争取来自社会的、社区的、民间组织的、慈善机构的、富裕阶层的等各种力量关心弱势群体，增加物质、资金和设施的投入，帮助他们克服困难。第三，预防功能。社会工作不但要解决社会问题，而且采取措施预防社会问题的发生。社会工作广泛介入实务领域，如老年人、儿童、残疾人、家庭、企业、社会越轨者、贫民等，可以及时发现问题。提高个人或群体面临问题的认识能力和思想准备，并进行必要的资源积累。强化社会支持体系，健全社会福利体系与社会工作的助人体系，形成社会支持网络，以便对可能的问题加以及时、有效的应对。第四，维持社会秩序、稳定社会的功能。社会工作扮演调和及疏导者的角色，其在化解社会矛盾方面起着重要作用。社会工作通过解决社会问题维持社会秩序，通过预防社会问题保持社会秩序，通过参与制定和修订社会政策维持社会稳定。

我国早有一套社会工作制度，但作为服务主体的社会工作机构发展长期受到压制。由于转型期社会问题和社会形势发展的需要，社会工作事业近年蓬勃发展。由于社工队伍近年发展较快，大量不具备资质的人员在从事专业性较强的社工工作；由于缺乏相应的政策支持，一哄而上的机构相当部分很快陷入难以为继的境地；由于缺乏政策规范，社工人员和机构稳定性差，人员流动性大，制约了行业的持续发展；等等。当前，要尽快建立专业化社会工作服务和管理体系，同时，必须将社会工作纳入法制化和规范化轨道，推动社会工作健康深入发展。

（四）重构适合社会主义市场经济新秩序的价值观念和道德规范

针对转型期社会失范，必须旗帜鲜明地提出，矫治社会规范，重建以社会主义市场经济体制为主导的社会规范体系。其方向和基本框架是：使市场在国家宏观调控下对资源配置起基础性的作用。围绕这一大基础前提，现代企业制度、市场机制、政府的宏观调控体系、收入分配和社会保障制度、农业经济体制、对外经济贸易体制、科技体制和教育体制构成了涉及社会经济和社会生活等方面的社会规范体系。这一规范体系的确立将成为指导人们行为的方向和准则，从而缩小社会失范的范围。

重新进行道德伦理、价值取向定位。在新的历史条件下，要按照“以德治国”思想加强道德体系的“立范”工作，重新确立社会主义市场经济条件下的道德价值导向。立足于社会现实，汲取传统道德的优秀成分，吸收市场经济中出现的新生因素，构建出新的道德体系。要发扬传统道德中利于市场经济发展的道德要求，如取之有度、生财有道、用财有制、交往有信等，也要汲取商品经济、市场经济所特有的一些道德准则，如讲求效率、讲求竞争、重视个性发展以及财产权、契约等观念。

随着社会结构的多元一体化发展，新的道德价值体系也应是一个多元一体的系统模式，集体主义的道德原则应是体系的核心。集体主义原则要求在尊重个人全面、自由发展的前提下，追求社会成员的社会责任、社会义务与个人感情、个人权利的和谐。这样建立起来的社会统一的道德体系应当包括：强调发扬国家、集体、个人三者利益相结合的集体主义精神。强调顾全大局、诚实可信、团结互助、扶贫济困的精神。要求社会成员自觉履行对国家和社会的义务，爱护公共资源和环境。建设灵活、多样并具有适用性的职业道德，以忠于职守、清正廉洁、奉公守法、勤劳致富为精神核心，反对损人利己、损公肥私、以权谋私、弄虚作假的行为。

社会舆论是道德、习俗等规范转化为人们行为的中间力量，是道德、习俗得以发挥作用的基础。道德、习俗本身并不受司法和行政的保护，它们的社会控制功能内植于民心，其实施主要依靠人们的良知与社会舆论的威力。通过社会舆论的评价，支持和赞扬良善行为，反对和谴责邪恶行为，使人们对自己的行为有正确认识和表现负责态度。现实社会中的道德转化、道德滑坡等现象与社会舆论监督力度不够有密切关系。为避免产生社会失范，必须充分利用社会舆论的作用，产生具有广泛影响的道义力量，促使社会规范变成人们的自觉行为，并促使人们自觉运用社会规范作为评价自己行为的内在尺度。

（五）加快构建现代信用制度体系

中国的社会转型是一个渐进的过程。在这一渐进转轨中，市场机制对计划体制的替代不是一瞬间完成的，而是一个不断变迁的过程。随着经济体制的转换，市场化程度的不断提高，社会利益主体也趋于分散化和多元化，原有的计划经济条件下规范和整合社会经济活动的信用制度体系随之逐步解体，新的适应市场经济发展要求的信用制度体系正在逐渐形成，并日益发挥着越来越大的作用。尽管国家试图通过体制转换和建立法律秩序为社会提供适应市场经济发展要求的新的信用制度规则体系，以此来对社会经济加以重新规范和整合，然而，这是一个渐进的演变过程。在这一过程中，由于旧的信用规范的失效，而现行的信用制度尚没有确立，难免在新旧信用制度体系之间的矛盾与摩擦之间出现信用“真空地带”，导致信用制度体系规范和整合社会经济活动的能力和效率低于单一制度体系。

现代信用制度体系是重要的社会控制工具。传统的人口管理主要依靠户籍制度。市场化和城市化双进程推进使人口和劳动力的流动空前频繁，据第六次人口普查数据显示，我国流动人口规模超过26000万。有效的人口管理将遏制社会问题发生，一个全国联网并且公安、计生、工商、税务、住房建设、银行、海关等共享平台的信用体系将可以极大提高社会管理效率，减少社会问题的发生。因此，可以从部门、地区开始，加快建设信用系统，逐步整合，提高信息共享层次。

（六）大力发展社会矫治机构

对于偏差型社会问题，需要社会矫治机构进行专业矫治。在现代社会，立法官、社会工作者、教师、神职人员、精神病医师和医生等正式职位网络变得越来越重要。在社会转型期，应大力发展社会矫治机构。对于传统的矫治方法，也需要不断更新。例如犯罪问题，社会建造监狱关押罪犯，监狱成了一切社会问题的解决方法。但现在一些人开始质疑监狱是否已成为“犯罪大学”。建造监狱，一方面是为了保护社会，另一方面是为了改造罪犯。一些容忍越轨活动的国家，暴力犯罪率反而很低。社区矫正具有人性化和个性化特点，有利于罪犯改造。又如吸毒问题，以往强制戒毒复发率较高，通过科学矫治，毒是能戒的。戒毒难就难在戒除心理依赖。首先表现在吸毒者对毒品的精神依赖上，这都可以通过替代药品和不断的心理疏导和行为矫正来得以解决，达到“脱毒”的目的。脱毒之后应该延长整个戒毒的过程，防止复吸。从本质上说，复吸是一个集药物生理、心理与社会过程的多因性问题，所以它的治理应该也应该从多层次、多角度来研究，以达到综合治理的效果。再如网络成瘾问题，专业的社会工作者提供网络成瘾的有效治疗，对青少年网络成瘾提供行为矫正与重返正常生活的适应有明显的成效。社会工作对于这种逃避性的青少年网瘾的康复治疗，在帮助青少年戒除网瘾时，会相应地提供文化课辅导，帮助其提高学习能力，以适应学习生活的需要。这是一种比较有效的途径。

第五讲

弱势群体的救助与扶助机制

>>

从当前中国改革的现实来看，弱势群体的生存状况已成为不得不予以关注的问题。这是因为，弱势群体在规模、贫困程度和潜在影响力等诸方面，都已变得令人担忧。它对建立社会主义市场经济体制、维持社会秩序、全面建设小康社会的负面影响正在明显化。在这种背景下，建立完善的社会救助体制，对于缩小贫富差距、缓解贫困问题、促进社会公正具有重要意义。为此，我们既要坚持社会主义市场经济的方向，确保经济增长的效率，同时也要坚持社会公正的原则，加强对市场的政策干预。

自20世纪70年代末实行改革开放政策以来，中国开始了以发展经济为导向的大规模的社会经济转型。在这一转型期中，社会政策开始失去其相对独立的政策领域的地位，转而服务于经济政策，以推动经济效率的提升和经济的增长。为配合国有企业改革，我国进行了医疗、住房、养老、福利等体制的改革，开始探索建立与社会主义市场经济相适应的社会政策体系。然而，这些社会政策改革的出发点是为了减轻国家或国有企业的负担，因而忽视了社会政策满足公众需要的作用，弱化了国家在公共福利提供上的功能和角色，其结果是导致了公众的许多基本需要得不到满足，并形成了庞大的社会弱势群体。

一、转型期的弱势群体

（一）中国弱势群体的主要情况

2002年，“弱势群体”一词首次见诸官方文件。[①]随后，有关“弱势群体”的问题受到了学术界前所未有的关注，学者们对“弱势群体”的定位和理解也可谓是仁者见仁，智者见智。有学者认为社会弱势群体“是一个在社会资源分配上具有经济利益的贫困性、生活质量的低层次性和承受力的脆弱性的特殊社会群体”[②]。另有学者把弱势群体界定为那些依靠自身的力量或能力无法保持个人及其家庭成员最基本的生活水准、需要国家和社会给予支持和帮助的社会群体[③]。而按照国际社会学界和社会政策界达成的基本共识，所谓社会弱势群体是指那些由于某些障碍及缺乏经济、政治和社会机会而在社会上处在不利地位的人群。

自20世纪70年代末实行改革开放政策以来，以广东为代表的沿海地区率先开始了以发展经济为导向的大规模的社会经济转型。在这一转型期中，社会政策开始失去其相对独立的政策领域的地位，转而服务于经济政策，以推动经济效率的提升和经济的增长。在20世纪80年代，广东社会保障和其他福利制度的改革目标基本上是为经济体制改革服务的，是为了解决由于经济体制改革而导致的经济制度与保障福利制度的不协调问题。但进入90年代以来，社会保障和福利制度改革本身则成为一个与经济体制改革并行且按自身线路发展的过程，在经济体制改革和经济结构变化已经导致严重的失业和贫困问题时，福利制度却并没有朝着向扩大福利供应的方向

①参见2002年3月全国人民代表大会上的《政府工作报告》。

②朱忠强：《农村社会保障制度的构建》，《农业经济问题》，2003年第6期。

③盛洪：《让农民自己代表自己》，http://www.dajun.com.cn.

发展。政府社会福利政策变化的基本目标是建立一种低水平、广覆盖、高效率的基本社会保障体系；并通过“社会服务产业化”和“社会福利社会化”减轻政府负担，降低政府社会开支。然而迄今为止，在几乎所有的社会保障和福利项目的改革中，弱势群体的实际受益面和受益程度都十分有限，不少改革甚至是损害穷人利益的。①

此外，收入分配政策、劳动就业政策以及最低生活保障等多方面制度和政策的缺陷都影响到弱势群体的产生和变化。“虽然这些社会政策改革的出发点是为了减轻国家或国有企业的负担，因而忽视了社会政策满足公众需要的作用，弱化了国家在公共福利提供上的功能和角色，其结果是导致了公众的许多基本需要得不到满足，并形成了庞大的社会弱势群体。”②

从当前中国改革的现实来看，弱势群体的生存状况已成为不得不予以关注的问题。这是因为，弱势群体在规模、贫困程度和潜在影响力等诸方面，都已变得令人担忧。它对建立社会主义市场经济体制、维持社会秩序、全面建设小康社会的负面影响正在明显化。

下面本文将从静态和动态两个角度分别论述中国弱势群体的构成以及变化趋势。

（二）中国弱势群体的基本构成

弱势群体一般分为生理性弱势和社会性弱势，前者如老年弱势群体、女性弱势群体、残障弱势群体等，后者如贫困群体、失业群

①关信平：《经济—社会转型、全球化与中国城市贫困问题》，“转型中的中国社会”学术研讨会会议论文，2001年12月。

②岳经纶：《和谐社会与政府职能转变：社会政策的视角》，《武汉大学学报（哲学社会科学版）》，2007年第3期。

体、移民弱势群体等。[①]就中国目前的具体情况来说，弱势群体分为以下几类：

一是被束缚在“乡土”的农民是当代中国社会最庞大的弱势群体。长期以来，我国不但形成了城乡二元经济格局，而且在政治权利、教育权利、劳动就业及社会福利方面实行了城乡有别的政策，这种由户籍制固化了的差别将农民变成了弱势群体。特别是“80年代中期农村改革的能量基本释放完毕，90年代中期乡镇企业走到强弩之末，加之粮食等农副产品价格的持续下降，农民的弱势特征开始逐渐表露出来”[②]。以广东为例，广东省作为改革开放试验区，在区域生产力布局、对外开放格局、产业结构调整、投资重点等方面，实施向沿海地带倾斜的优惠政策，使珠三角等沿海一带获得了前所未有的发展契机。然而，由于区域间自然条件、经济基础、优惠政策等的差异，区域间的经济差异也日益增大，区域间经济发展的不平衡状态也愈来愈严重。“粤东、粤西、粤北地区经济欠发达，农业人口占该地区全部人口比重的75.02%，广东省大部分农村剩余劳动力聚集在该地区。”[③]与全国收入差距的变化趋势相同，广东的城乡收入差距迅速拉大。一些调查报告指出：“目前珠三角人均GDP相当于山区的4.04倍，全省城乡居民收入差距已经由2000年的2.67:1扩大到了2009年的3.12:1。至2009年底，粤北和东西两翼地区的贫困村数量仍有3409个，相对贫困和没有稳定脱贫的贫困户高达70多万户，共计316.5万人。”[④]而且广东省的农村劳动力素质普遍较低。据相关资料报道：“2007年广东省农村劳动力文化程度在

①王思斌：《改革中弱势群体的政策支持》，《北京大学学报（哲学社会科学版）》，2003年第6期。

②孙立平：《关注90年代中期以来中国社会的新变化》，《社会科学论坛》，2004年第1期。

③周礼坤：《广东省城乡二元经济结构现状、成因及对策分析》，《郴州师范高等专科学校学报》，2003年第3期。

④http://forum.home.news.cn/thread/78510020/1.html.

高中以下的占81.3%，受过各种专业培训的劳动力仅占16.1%。”[①]由此可见，在农村的劳动力的整体素质都普遍偏低，这也是造成农村居民处于弱势地位的主要原因之一。而与此同时，农村的社会保障制度不健全，无论是农村养老保险还是农村医疗保险都不完善，部分地区尤其是粤东、粤西、粤北地区的农村居民目前还不能得到“老有所养，病有所医，生有所靠”的基本社会保障。由此可见，广东地区的农民不但在经济基础和发展竞争力上处于弱势，而且在社会政治地位及各种公民权利上也处于边缘地位。

二是进城务工的农民工构成了城市弱势群体中不容忽视的一类。就广东的情况来说，广东省劳动保障厅2009年提供的数据显示，金融危机后外省农民工回流入粤将出现三个高峰，入粤农民工人数将达到970万左右。[②]以农民进城务工为主的劳动力流动在城乡二元经济结构中有重要地位。一方面，它释放了农村剩余劳动力，劳动力在各产业间分配合理化；另一方面，劳动力流动携带人力资源，使人力资源分配合理化。但是，由于城乡二元结构的存在，农民工一开始就是以一种不平等的社会身份进入城市的。[③]对于其中的许多人来说，他们虽然是居住在城市，工作在城市之中，但在制度上他们不是城市社会的一员。僵硬的户籍制度仍然将他们排斥在他们所工作和生活的这个城市之外。[④]在工作场所中，他们的基本权利经常得不到应有的保障。这主要表现在，农民工所从事的都是城里人所不愿从事的工作。工作环境差、待遇低。[⑤]在广东，在将近10年的时间里，农民工的名义工资只增加了不到100元，实际工资却在下

①杨林涛：《广东省城乡差距程度与趋势研究》，暨南大学硕士论文，2010年。

②参见http://news.qq.com/a/20090203/001191.htm.

③赵博：《我国弱势群体社会支持对策研究》，哈尔滨工程大学硕士论文，2007年。

④孙立平：《关注90年代中期以来中国社会的新变化》，《社会科学论坛》，2004年第1期。

⑤吕保利：《城镇弱势群体的社会支持体系研究》，《内蒙古科技与经济》，2008年第20期。

降。而且，农民工基本的人身权利得不到保障，没有基本的社会保障，工资经常被拖欠。根据上述分析，农民工是属于城市弱势群体的。

三是转型时期的下岗职工、失业人员、困难企业的在职职工、离岗职工等困难职工群体已成为中国转型时期一个与日俱增的新的社会弱势群体，占据了城市贫困人口的绝大多数，已逐步取代原有的民政救济对象而成为贫困救助的主体。与农民相比，这个贫困群体有一些独特的特征。首先，农民还有自己的一块土地，即使缺少现金收入，吃饭的问题还可以自己解决。而城市中的居民没有这块土地，当现金性收入断绝的时候，可能连吃饭都成为问题。而且普遍贫困是农民所处的基本环境，在农村中缺少贫富差别的刺激；而在城市中，贫富差别以极为鲜明的状态存在着，不时对城市中的贫困群体产生强烈的刺激。而且，城市中生活费用高，且缺少弹性。在20世纪90年代初期和中期，物价和生活费用急剧上升，在90年代末，虽然物价相对稳定，但增加了一批原来属于社会保障而现在则需要自己负担的消费项目，如住房、子女的教育费用、部分医疗费用和养老等。由于困难职工主要集中在35—45岁之间，他们上有老、下有小，其工资收入是家庭生活的主要来源，一旦下岗，全家就会陷入贫困的境地。[①]

四是体弱多病鳏寡孤独等老年群体。从广东省的经验来看，根据数据显示，截至2009年底，广东省60岁以上老年户籍人口为1048万人，占户籍总人口的12.5%，目前每年仍以3.5%的速度递增。[②]这一连串数字说明广东不仅已经进入了老年社会，而且老龄化进程正在加速。老年人群的经济状况与其他年龄段群体相比处于劣势，

①吕保利：《城镇弱势群体的社会支持体系研究》，《内蒙古科技与经济》，2008年第20期。

②参见http://www.anhuinews.com/zhuyeguanli/system/2010/12/15/003554197.shtml.

特别是高龄老年人及无子女或子女不在身边的“空巢家庭”的老年人，由于他们退休时间较早，退休金一般比较低，城市老年人特别是处于最低收入水平及以下的体弱多病鳏寡孤独等特困老年人，已成为广东体制转换时期的一类新型社会弱者群体。

五是生活在最低生活保障线以下的残疾人员。根据2009年的调查数据显示，全国残疾人总数最高的分别是河南、四川、山东、广东。而且广东省以平均每年16.6万人的速度在增长。残疾人的家庭总户数及总人口分别占了全省家庭总户数、总人口的1/5。但是，目前有医疗需求的残疾人仅1/3可以得到及时有效的帮助，2/3的残疾人集中在农村，逾五成农村残疾人低保金不足百元。全国约有各类残疾人6000多万人。[①]残疾人的情况虽然不完全相同，但其经济来源主要是靠家庭、亲属供养和国家、集体救济，处于社会生活的底层，生活状况在总体上不容乐观，是一个最典型的特殊社会弱势群体。既具有经济利益上的贫困性，又具有生活质量上的低层次性，还具有承受能力上的脆弱性。

（三）中国弱势群体的发展趋势

近年来的发展趋势是，老人和残障等生理性弱势群体的贫困问题未得到有效控制，失业和低收入等社会性弱势群体的贫困问题越来越突出，其结果就是，弱势群体的结构发生变化，失业、低收入和单亲等社会性弱势群体在贫困群体中所占比重明显上升，而且弱势群体在未来的一段时间内还会继续维持其弱势状态并面临进一步被再边缘化的危险。这是在研究中国弱势群体时不可不察觉到的一个现象。

①参见http://gd.people.com.cn/GB/123937/123963/9986202.html.

首先，城乡二元结构使最大的弱势群体即农村群体（包括农村居民与进城务工群体）继续边缘化。一方面是农村实际收入的下降，另一方面是城市居民收入的提高，结果就是城乡差距的迅速扩大。“1978年中国城乡人均收入之比是2.4:1，到1983年缩小到1.7:1，呈明显缩小的趋势。但到了1997年，又迅速扩大到2.5:1，2000年扩大到2.79:1。城乡居民收入差距达到历史上的新水平。从占有的金融资产来看，1999年末农户储蓄余额约为10000亿元，不到全国居民储蓄存款余额的1/5，而农民在全国人口中所占的比重将近65%。”[①]具体到广东的情况，改革开放以来，广东农村居民的生活状况有所好转，珠江三角洲地区的部分农村居民已走向富裕，但是对于粤东、粤西、粤北地区的农村居民来说，他们的生存状态并未发生实质性好转。进入20世纪90年代以来，由于经济、政治等多方面的原因，农村居民的生存状态的改善速度放慢甚至恶化，与整个城市地区相比，农村居民的边缘化、弱势化程度在加深。与此同时，对于农村进城务工就业人员来说，似乎他们并不存在弱势化过程，因为他们本来就属于弱势群体，不被视为城市的一部分。然而，在谋生过程中他们不断受到来自强势者的不公平对待，没有积累弱势感，而是积累着不满。在改革开放条件下，农村群体（包括农村居民与进城务工群体）边缘化、弱势化的加深增加了社会张力。

其次，经济市场化致使失业、下岗群体遭遇剧烈的弱势化过程。失业、下岗人员的弱势化来自于经济的市场化，其中既包括产业结构的调整、技术进步，也包括企业的转制、接轨和市场化经营。受多种因素的影响，那些竞争能力不足者（其中相当一部分是历史上被迫丧失发展机会的群体，如“40—50人员”）被剥离，被

①孙立平：《关注90年代中期以来中国社会的新变化》，《社会科学论坛》，2004年第1期。

抛入失业、下岗行列。[1]实际上，失业、下岗人员在职业生活方面的边缘化也引发了更多负面效果，面对由教育体制改革所造成的子女教育方面的高费用，他们有强烈的无用感；因无力赡养老年父母却接受他们的贴补增加了自己的耻辱感；在国有企业中工作形成的优越感在一定程度上成为他们再就业的障碍；劳动力市场竞争的日益加剧使他们多次遭受挫折，强化了他们的弱势感。[2]可以发现，失业、下岗人员的弱势化不仅发生在工作领域，也发生在家庭和社会生活之中。在失业、下岗人员中，另一些人具有特殊的经历：由于城市化的扩张，那些被征土地的农民转为城市工人。然而，他们对"农转工"的好处几乎还没有体会到，就发生了企业的市场化改革，他们也自然会因无一技之长而在竞争中首先被抛入失业行列，又被迫回到农村，从而出现"再边缘化"现象[3]，他们的弱势地位是显而易见的。

第三，体制改革导致城市退休老年群体的社会地位由"中心"走向"边缘"。以退休职工为主体的老年群体，他们的弱势化既有生理方面的原因，也有社会方面的原因，比如退休使他们产生退出社会的无用感。[4]但是当前广东地区的老年群体的弱势化还带有体制改革的特点。以退休职工为主体的老年群体主要是计划经济体制内的人员，他们的弱势状态主要是与体制改革联系在一起的，他们是体制改革中利益相对受损的群体。在改革过程中他们被迫由"中心"地位走向"边缘"，从计划体制保障下的强势群体逐渐变为市场经济体制下的弱势群体。在中国的部分地区，一些退休职工不能

①王庆功：《关于社会弱势群体与群体性事件问题之思考》，《山东社会科学》，2006年第10期。

②钱亚梅：《转型期弱势群体的风险境遇与应对策略》，《南京社会科学》，2007年第9期。

③张汝立：《社会支持网与农转工人员的再边缘化》，《中国农村观察》，2003年第4期。

④〔美〕霍曼、基亚克：《社会老年学》，冯韵文、屠敏珠译，北京：社会科学文献出版社，1992年版，第68页。

及时领到养老金，他们的医疗费不能及时报销，他们的子女被迫下岗、失业从而使得退休老人不得不继续接济子女，他们被推向社区而得不到单位组织的全面关怀等。

弱势群体是社会政策领域的一个核心概念，它与自由竞争、社会公平、社会权利等范畴一起，形成了社会政策—社会福利制度—社会服务的理论和实践场域。[①]关注和保障弱势群体的基本生活和各种权益是建设和谐社会的重中之重，也是社会公平、公正的内在要求。“一个弱势群体得不到保障的社会是一个社会弱者受到歧视的社会，不可能是一个稳定型的社会，更谈不上是协调发展的社会。”[②]而建立完善的针对弱势群体的社会救助与扶助体系可以减轻弱势群体的“社会痛苦”和“个人痛苦”，使他们走出困境，与其他社会成员共同发展，增进他们对于政府和社会的信任以及对于社会发展的认同，因而能起到稳定社会、促进和谐的重要作用。下面我们将具体对广东的社会救助与扶助机制进行分析。

二、弱势群体救助体系案例分析：广州模式

广东一直以来是我国的经济大省，也是中国社会转型最为激烈的地区之一，其对于弱势群体的救助政策也一直是各地区关注的重点。以广州为例，广州的社会保障实施“五道防线”[③]、“分类救济”[④]等措施，并在动态管理下做到“应保尽保”，让超过12万城镇居民受益，为广州和谐稳定的发展奠定了坚实的基础。因此，本文

①王思斌：《改革中弱势群体的政策支持》，《北京大学学报（哲学社会科学版）》，2003年11月。

②郑杭生：《中国社会发展研究报告2002》，北京：中国人民大学出版社，2003年版。

③城镇居民最低生活标准和企业在岗职工最低工资、下岗职工的基本生活费、失业人员失业期间的失业保险金、退休人员的最低养老金“五道保障线”并称有广州特色的“五道保障线”。

④分类救济主要有以下几个内容：3类低保家庭救济标准提高20％；低收入家庭读书子女减免书杂费；低保人员就业增加救济约200元。参见http://www.southcn.com/news/gdnews/nanyuetuijian/200606220550.htm.

将以广州作为个案分析弱势群体救助体系以及运作机制。下面分析的资料主要来源于1986年到2010年的《广州政报》。《广州政报》是由广州市人民政府主办的唯一政务性刊物，主要内容包括市政府和市政府办公厅颁发的文件、市政府常务会议、市长办公会议、市政府人事任免、市领导讲话、广州经济运行情况、大事记、政务动态和文件索引等。由于政报刊登的文件与正式文件具有同等效力，因此本文主要依据《广州政报》上的内容对于广州弱势群体救助体系进行概括和分析。

（一）弱势群体救助体系的内容

1. 最低生活保障制度

这几年以来，广州市不断完善以最低保障制度为基础的社会救助制度体系，不断提高困难群众生活保障水平。

一是基本建立健全了城乡居民低保标准调整机制。广州是从1995年7月起开始实施城镇居民最低生活保障制度的，是全国最早实施该制度的城市之一。近十几年来，广州的低保标准随着经济的发展不断调整，一直处于国内领先的地位。广州市低保制度不断完善和发展，最低生活保障金也不断提高，经历了三次大规模调整。1995年市区最低生活保障金为200元，1997年升为240元，1999年再次调整为300元。2005年4月1日起，又调整为330元，2008年每人每月330元提高至365元。至2010年，为贯彻落实“保增长、保民生、保稳定”战略，切实保障广州市低收入群体的基本生活和适度的发展权益，广州市委、市政府决定从2010年1月1日起，提高广州市城乡最低生活保障标准和低收入困难家庭认定标准。其中，越秀、海珠、荔湾、天河、白云、黄埔、南沙、萝岗、番禺等9个区的城镇低保标准从365元提高到410元，花都区、增城市从330元提高到370元，从化市从315元提高到355元。越秀、海珠、荔湾、天河、白云、黄埔、南沙、萝岗、番禺等9个区城镇低收入困难家庭的认定标准从430元提高到490元。而南沙、萝岗和番禺区农村的低保标准从300元提高到335元，白云、花都区和增城市从260元提高到290元，从化市从220元提高到250元。低保标准提高后，以低保标准为基数的分类救济、五保供养、基本医疗救助标准也同步提高。

二是加强了对低保的动态和分类管理。一方面，广州通过核定、审查、追踪等方式加强了对于低保人群的动态规范管理。广州市各区的民政部门会同劳动保障、公安、国土房管、金融、工商、税务等有关部门，研究改进申请低保人员家庭财产和收入审查办法，合理核定其家庭成员收入，确保符合条件的困难群众“应保尽保”。另外，广州市还加强了社会救助与社会保险的有效衔接，对于超过国家法定退休年龄但不符合按月领取基本养老金条件且没有固定经济来源的老年人，依法纳入低保救助范围。与此同时，个别地区采取了个人申报、跟踪调查、社区和村委评议、张榜公示等方法，提高低保审查审批工作的透明度。另一方面，广州市对于不同的弱势群体进行了分类的救助方式。2006年，广州市委、市政府决定对本市最低生活保障家庭和低收入家庭成员等特困人员实行“分类救济”，根据低保对象的家庭结构、身体状况、劳动能力、困难程度等不同情况，在一般救济的基础上，再给予特殊救济。实施分类救济以来，广州市每月增加救济金约222万元，对25820户41295人提高了救济标准，人数约占低保和低收入家庭的1/3，困难群众看病难、子女入学等问题得到切实解决。新方案中对低保家庭在校子女、享受低保的无子女“双老”人员、低保家庭中患有重大疾病的人员，在原救济标准的基础上提高了20%。与此同时，有关部门还根据保障对象的不同特点，制定分类管理办法，定期对保障对象家庭进行核查，及时掌握救助对象家庭收入变化情况。

三是初步完善了援助困难群众就业的优惠政策。广州市初步制定了参加就业的保障对象扶持办法，促进低保家庭中处于劳动年龄阶段且有劳动能力的人员积极就业。在有些区，各级劳动保障机构还为困难群众提供就业扶持，积极为困难群众优先提供职业介绍、职业培训服务，帮助其实现就业。广州已经形成了具有广州特色而且远远优于国家政策的促进再就业政策体系，对就业困难人员，已经基本实现了从职业指导、职业培训到职业介绍的全免费。关于“4050”人员的就业政策，国家规定的是国企下岗人员，在广州，无论是国企、私企都是帮扶对象；国家规定是女40岁，男50岁，在广州已经放宽到女35岁，男40岁，比国家提前了5—10岁。此外，农村劳动力、刑释解教人员也都囊括到了就业帮扶救助对象当中。对大龄失业人员再就业给予社保补贴，广州又比国家先行一步。各类企业招用本市男40岁、女35岁以上（特困失业人员、零就业家庭、刑释解教人员等不受年龄限制）下岗失业人员和上述人员从事社区服务业，或者自主创业的，由市再就业专项资金给予养老、失业、工伤保险补贴（不含个人缴费部分）和岗位补贴。

2. 专项社会救助政策

在完善最低保障制度的基础上，广州市还不断完善专项社会救助政策，切实发挥综合解困作用。

一是初步建立对于弱势群体的医疗救助，把缓解弱势群体的医疗困难，作为完善社会救助制度的一个重点。近五年里，民政、卫生、财政、劳动保障等部门初步提高了基本医疗救助额度，针对困难人员医疗救助标准为：“城镇困难人员，医疗救助起付费一级医院100元，二级医院200元，三级医院300元。农村困难人员，医疗救助起付费一级医院50元，二级医院100元，三级医院200元。”困难人员参加城镇基本医疗保险或新型农村合作医疗负担的起付费高于前两款规定医疗救助起付费的，差额部分由救助金支付。资助城乡困难群众参加基本医疗保险或新型农村合作医疗，基本做到了医疗救助制度与其他医疗保障制度的衔接，使困难群众基本能得到基本医疗保障。困难人员凭所在区（县级市）民政局核发的“广州市城镇居民最低生活保障金领取证”、“广州市农村村民最低生活保障金领取证”、“广州市低收入困难家庭证”、“农村五保供养证”，广州市残疾人联合会核发的“残疾人证”，直接在社会医疗保险或新型农村合作医疗定点医疗机构办理医疗费减免。其中，社会福利机构收养的政府供养人员须凭所在单位证明办理医疗费减免。广州市还逐步扩大了重大疾病医疗救助覆盖面，制订城乡统筹的重大疾病医疗救助政策，并充分发挥市慈善医院、慈善门诊等医疗机构的作用，为困难群众提供廉价、方便、及时、优质的服务。卫生部门还采取了一定措施减轻困难群众看病负担，加快发展社区卫生服务，进一步解决群众看病难、看病贵问题。

二是针对困难家庭子女进行教育救助。广州市教育、民政、财政、劳动保障等部门和残联等组织进一步落实了对于困难家庭子女的教育救助政策，确保贫困家庭子女享有平等接受教育的机会。近年来，广州对持有广州市城镇居民或农村村民最低生活保障金领取证、广州市低收入困难家庭证或特困职工证的困难家庭子女，在义务教育阶段逐步实施“两免一补”（免书费、免杂费、补助寄宿生生活费）政策，并逐步扩大农村地区年人均纯收入2000元以下家庭的应届初中毕业生免费就读技工或中专学校的范围。除此之外，有关部门还对福利机构供养的孤残儿童落实义务教育的有关政策。

三是初步建立了住房保障制度，多渠道、多方式加快解决城市低收入家庭住房困难。广州市委、市政府高度重视住房保障工作，为加快解决广州市城市低收入家庭住房困难问题，2007年先后出台穗7条和惠民66条，对进一步完善全市住房保障体系提出了明确的目标要求。为贯彻《国务院关于解决城市低收入家庭住房困难的若干意见》的精神，市国土房管局、市房改办住建办抓紧修改拟定了

《广州市城市廉租住房保障制度实施办法（试行）》和《广州市经济适用住房制度实施办法（试行）》。两个《实施办法》在原有制度基础上进一步健全了廉租住房制度，改进和规范了经济适用住房制度，构建起具有广州特色、以廉租住房制度为重点、多渠道解决低收入家庭住房困难问题的政策体系。广州市通过初步建立廉租住房制度，将廉租住房保障对象从低保住房困难家庭扩大到低收入住房困难家庭，通过租赁住房补贴为主、实物配租和租金核减相结合的方式，多渠道解决城市低收入家庭住房困难。

四是进一步加强对于农村“五保户”、孤儿、残疾人的救助。“十一五”期间，广州市各级政府加大投入，逐步提高农村“五保”供养标准，基本确保农村“五保”对象的生活水平不低于当地村民的平均生活水平。与此同时，部分区还加强和规范了农村敬老院和“五保”村建设，提高农村“五保”集中供养率。另外，有关部门还全面加强孤儿救助，改进家庭寄养、收养、代养等养育模式。各级残联组织则继续实施对残疾人的特别救助，研究制定针对残疾人特殊困难和需求的政策措施，继续贯彻实施贫困残疾人专项补助金制度，逐步扩大残疾人专项补助金发放范围，发放标准在2010年提高20%的基础上随生活指数逐步提高。同时还加强对于残疾人福利企业的扶持，鼓励社会力量举办福利企业，对福利企业实施政府采购倾斜等政策，促进福利企业发展和残疾人就业。

五是初步完善了对于生活无着的流浪乞讨人员的救助管理工作。民政、公安、城管、卫生等有关部门按照职责分工，坚持“自愿求助、无偿救助”的原则，采取“积极救助、协助接回”等办法，创新工作方式，充分发挥救助管理的社会功能。民政部门则主要针对主动求助的流浪乞讨人员展开救助工作，加强对流浪未成年人的保护性救助，探索无法查清地址的流浪精神病人的安置办法。公安、城管部门和其他有关行政机关以及流动救助服务队执行公务的工作人员在日常执法中发现街头流浪乞讨人员时，也基本上做到了对需要救助的人给予及时有效的救助指引。

六是针对弱势群体的法律援助。近五年来，在广州部分地区，司法行政部门认真贯彻落实国务院《法律援助条例》和《广东省法律援助条例》，为低保人员、低收入困难家庭人员、农村“五保户”、残疾人等困难群众无偿提供法律咨询、诉讼代理、仲裁和其他非诉讼法律事务代理等方式的法律援助，并积极推动法律援助的地方立法工作，进一步降低法律援助门槛，扩大法律援助覆盖面，初步做到了“应援尽援”。

3．应急救助机制

广州市在“非典”之后进一步健全了应急救助机制，加大临时救助力度。一方面是进一步做好灾害和其他突发性事件的应急救助工作，另一方面加大了临时救助力度。2008年春节期间，我国南方遭遇百年不遇的雪灾。广东地区持续降温，恶劣的天气导致大量返乡民工滞留在广州。2008年2月1日，广州市总工会召开主席办公会议，响应市委号召，紧急拨出250万元专款，进一步加强为留穗的农民工提供系列救助和服务，启动救助农民工应急机制。除此之外，广州部分地区的统计部门会同民政、物价等部门，定期对困难家庭生活水平进行跟踪调查。在城乡居民基本生活消费品价格指数上涨幅度较大并持续一定时间、导致低收入困难家庭生活水平明显下降时，及时启动应急预案，重点从供水、供电、供气（燃料）、公共交通、基本生活食品等方面，对低收入困难家庭面临的阶段性、临时性困难给予及时、有效救助。

（二）弱势群体救助体系的运作机制

广州市的弱势群体救助体系能够有效以及高效地运作依赖于广州市的新型社会救助工作领导体制和长效运行的保障机制。

1. 基本形成了社会救助体系的领导机制

首先，广州市各级政府负责社会救助体系建设工作。市、区（县级市）成立社会救助工作领导小组，由政府主要领导或分管领导任组长，成员由相关部门领导组成，负责组织、指挥、协调和监督社会救助工作，推进各项政策措施的落实。领导小组下设办公室，设在民政部门，办公室主任由民政部门领导担任，具体工作由负责救灾救济和最低生活保障的处、科承担。各街道办事处、镇政府把社会救助体系建设工作列入重要议事日程，并安排一名领导负责统筹落实社会救助体系建设的各项工作。由此逐步形成政府负责、民政统筹、部门联动、街镇实施的社会救助工作领导体制。

其次，广州市民政部门统筹协调社会救助体系建设工作。市民政局是全市社会救助体系建设工作的业务主管部门，负责统筹制订社会救助工作计划和具体工作措施，协调有关部门落实各项社会救助政策措施，综合有关部门开展社会救助工作的情况和数据，以及对外信息发布等工作，并具体负责城乡低保、“五保”供养、灾害救助、医疗救助、孤儿救助、流浪乞讨人员救助，以及对困难人员的其他临时生活救助的组织实施，统筹协调分类救济、低收入困难家庭消费性开支减免政策的实施。近年来，广州市民政局统筹协调有关部门和社会力量开展工作，初步建立了社会救助部门联动电话和信息报送制度。各区（县级市）民政局负责本行政区域内社会救助工作的组织实施。

第三，广州市有关部门各司其职联动开展社会救助体系建设工作。近年来，各有关部门逐步加强了与民政部门的沟通联系，各尽其责，做好相关工作，形成统一协调联动的工作机制。劳动保障、教育、卫生、司法、国土房管等部门，按照各自职责，继续完善各项社会救助政策。建设、市政园林、市容环卫、公安、广电、交通等部门继续执行困难群众在水、电、气（燃料）、卫生清洁、污水处理、治安联防、有线电视、公共交通等消费性开支方面的优惠政策。发改、物价、统计等部门则配合民政部门做好社会救助标准的测算和调整等工作，积极开展困难群众生活情况的跟踪调查。市信息化办公室统筹协调，加快推进社会救助信息系统建设，实现与全市社会保障信息系统的互联互通和信息共享。审计部门加强了对社会救助资金使用管理情况的审计监督。机构编制、财政、工商、税务等部门在各自职责范围内，协助做好社会救助工作。工会、共青团、妇联、残联等人民团体则充分发挥各自优势，积极开展形式多样的扶贫济困活动。

第四，广州市初步建立了街道和镇的社会救助工作机制。各街道和镇社会事务部门在上级民政部门的指导下，负责开展辖区内的社会救助工作。凡申请社会救助，均以户为单位，由户主向户籍所在地街道或镇社会事务部门提出申请，由街道、镇社会事务部门审核后，根据申请救助内容，报上级相关部门审批。各街道和镇社会事务部门可以分别委托社区居委会、村委会受理社会救助项目的申请，协助开展调查、公示、评议等工作。各部门、各单位以及社会各界在街道（镇）、社区（村）开展社会救助工作，发放救助款项和物品等，统一由街道（镇）社会事务部门统筹安排并组织实施。各类社会救助数据信息由街道（镇）社会事务部门负责统计，每月上报区（县级市）民政局，由区（县级市）民政局审核后上报市民政局。市、区（县级市）民政局将统计信息及时抄送本级社会救助工作领导小组成员单位，实现全市社会救助信息资源共享。

2. 初步建立了社会救助体系的保障机制

广州市的社会救助体系除了依赖于其高效的领导体制外，还初步建立了保障社会救助体系长效运行的机制。

首先，广州市各级政府进一步加强了社会救助工作队伍建设。各区根据精简、统一、高效和综合设置的原则，整合各项社会救助资源，合理调整充实各级社会救助工作机构的人员，推进社会救助体系建设工作，确保各项社会救助制度得到全面落实。这几年，市、区（县级市）民政部门也加强了社会救助工作队伍的培训管理，大力引进社会工作人才从事社会救助工作，逐步提高了广州市社会救助队伍的专业化、职业化水平。

其次，广州还切实保证了社会救助资金与人员的投入。政府社会救助资金列入市、区（县级市）两级政府财政预算，足额保障，专款专用。除了市财政适当安排市本级社会救助专项工作经费外，各区（县级市）财政也适当安排本级社会救助专项工作经费，并负责安排街道（镇）、社区（村）社会救助工作经费。原则上街道（镇）、社区（村）社会救助工作经费按每100户救助对象500元的标准安排，不足100户的按100户标准计算。街道（镇）、社区（村）社会救助工作人员经费，由各区（县级市）财政纳入预算，市财政根据各地开展社会救助体系建设的实际情况，对街道（镇）、社区（村）社会救助工作人员经费给予适当补助。这些年来，广州市各区（县级市）在一定程度上改善了街道（镇）、社区（村）社会救助工作条件，配备必要的办公设施、设备，保障各项社会救助工作顺利开展。另外，财政部门还加强对社会救助资金的宏观调控和使用监督，有效防止救助资金的不合理使用，提高各类社会救助资金的使用绩效。

第三，广州市还广泛动员引导社会力量参与社会救助。近五年来，广州市积极倡导社会各界开展多层次、多形式的社会互助活动，帮助困难群众解决实际问题。一方面，广州市政府利用民间力量大力发展慈善公益事业，加大慈善公益宣传力度，营造全社会关注民生、热心公益、扶贫济困的良好氛围，把慈善公益理念作为社会救助可持续发展的动力源泉。按照“政府推动、民间运作、社会参与”的原则，积极培育发展慈善和公益性民间组织，尤其是街道、社区慈善组织，鼓励其面向公众、面向社区、面向困难群众开展慈善公益活动，充分发挥其在社会救助工作中的积极作用。另一方面，各民间组织积极开展经常性社会捐赠活动，发展“慈善超市”、“慈善门诊”等慈善活动形式，鼓励社会各界开展互帮互助活动。

三、建立新型的社会救助与扶助机制

（一）充分认识学习借鉴香港先进经验，推进社会救助体系创新

改革开放以来，随着经济社会的快速发展，广东社会管理逐步加强，社会事业投入逐年增加，社会公共服务不断完善，社会保障制度基本建立，社会救助体系已初步形成。但是，经济社会发展还不够协调，社会管理的基础比较薄弱，运行的体制机制不够健全，在保障人民群众基本生活，以及医疗卫生、社会福利、社会救助、社区服务等方面还存在不少突出问题，还不能完全满足人民群众日益增长的多元化社会服务需求。

香港社会管理方面的经验值得借鉴。香港是中西方文化融合的亚洲国际都会。香港政府秉承法治、资讯自由、廉洁政府和营造公平竞争环境等施政理念，高度重视社会管理工作，提倡发挥传统家庭的核心价值作用，落实社群互助互爱的施政方针，在“小政府、大社会”的运作模式下，形成一套比较完善的社会管理制度。香港的社会救助系统是相当发达的，各种机构为弱势群体提供了多种类的服务。政府部门、非政府组织、家庭以及社会中专业和非专业的工作者分工明确，相互配合，各自的积极性都得到了充分的发挥，确保了工作的效率和质量，推动了问题的更好解决。香港政府还广泛地吸收各领域的相关专业人员参与其中，使服务更加专业化。而

香港的弱势群体自身也有相当的觉悟，自发地联合起来组成了各种类型的自助组织。这些自助组织，对内，通过相互沟通，分享经验，彼此鼓励和提供帮助解决成员所遇到的困难；对外，共同努力维护弱势群体的合法权益，同侵权行为作坚决的斗争。香港的经验对于内地来说有很多地方值得借鉴。[①]

具体总结如下：首先，调整政府在弱势群体救助上所扮演的角色，充分发挥民间组织的作用，提高弱势群体救助与扶助体系的社会化程度。广东应以社会互助为补充的综合社会救助制度，逐步扩大社会救助的覆盖面，提高社会救助水平。其次，培养合格人才，提高社会救助与扶助的专业化程度。同时应鼓励社会组织建立面向救助服务的非营利性社会服务机构，负责对救助申请人家庭情况进行调查、评估和核实等事务性工作，以及其他政府购买服务的有关工作，逐步推动社会救助队伍专业化、职业化。第三，通过宣传教育，激发弱势群体自身的增权意识，促进他们对与自身息息相关的社会救助事业的积极参与。香港的弱势群体自助组织在这方面就给我们做出了榜样，弱势群体组织起来关心彼此，运用集体的力量帮助遇到困难的人走出困境，并且他们还就一些问题同政府进行交涉，维护弱势群体的利益。因此，我们应当激发弱势群体的增权动机，增进他们自助与互助的意识。

（二）深化社会救助改革，建立发展型与维持型结合的社会救助模式

目前，广东处于急剧的经济转轨和社会转型期，贫富差距扩大，贫困问题恶化，社会不公问题突出，弱势群体呈现扩大化趋势。在这种背景下，建立完善的社会救助体制，对于缩小贫富差

①参见刘祖云：《香港社会的弱势群体及其社会支持》，北京：北京大学出版社，2009年版。

距、缓解贫困问题、促进社会公正具有重要意义。为此，我们既要牢牢坚持社会主义市场经济的方向，确保经济增长的效率，同时也要坚持社会公正的原则，加强对市场的政策干预。

一方面，随着经济社会发展水平的进一步提高，改变单纯强调收入援助的传统救助模式，借鉴西方发展型社会政策，试图建立一种新的发展型救助模式。发展型社会救助的一个最大特点是更加强调弱势群体的资产和能力建设，认为社会福利应当投资到促进人力资本、社会资本、就业、劳动技能等服务项目上，提高弱势群体参与经济、融入社会的能力[①]。这种模式的一大优势是不仅强调社会救助的“输血”功能，亦强调它的“造血”功能，致力于在最低保障的基础上通过配套的发展性服务项目，如提供就业支援、提高就业能力、创造就业机会、支持创业、强化社会网络等，从根本上提高弱势群体参与经济、融入社会的能力。发展型救助不是要弱化收入援助或最低保障，而是要在此基础上更加强调弱势群体的资产和能力建设，从而从根本上“激活”（activating）他们。

另一方面，我们也应看到发展型救助模式的局限性。发展型社会福利政策更侧重于初级防范，防患于未然；但是，对于某些已经存在的问题，对于那些社会问题的直接表现形式，还是需要我们从第二、第三级干预的角度去处理，从而消除其不良影响[②]。具体地说，对于那些年老体弱和尚无法自立的未成年人，以及那些长期处于社会排斥状态、已经在起跑线上落后的社会弱势群体成员来说，发展型社会政策并不能产生明显的效应。对这部分社会成员，我们仍然应该坚持传统维持型社会政策的做法，进而随着社会经济水平的提高，加大社会开支、提高社会保障的水平，让发展的成果惠及

①参见〔美〕安东尼·哈尔、詹姆斯·梅志里：《发展型社会政策》，北京：社会科学文献出版社，2006年版。

②方巍、魏雁滨：《社会发展：社会资源分配的新思路》，《浙江社会科学》，2005年第4期。

社会各个阶层，实现和谐发展的社会目标。[①]

（三）立足本地区实际，根据经济水平逐渐提高社会救助水平

建立和完善社会救助体制，须从本地区的经济、政治和社会实际出发，不可盲目照搬西方模式。广东虽然相对于内地经济要发达一些，但地区之间、城乡之间发展还很不平衡。因此，必须从这些实际情况出发，量入为出、量力而行，根据经济发展水平逐渐提高社会救助水平。既不可人为限制、压低标准，从而影响社会公平的实现；也不可一味追求高水平，盲目仿效西方发达国家。

考虑到这些因素，目前比较现实的选择是建立“广覆盖、低水平、兼顾公平和效率、以基本生活保障为主”的城乡一体化的社会救助体制。首先要有广覆盖，逐步扩大最低生活保障制度的覆盖范围，建立全民低保制度，真正实现“应保尽保”。[②]各种保障项目都应覆盖其该覆盖的全部人群。比如，以就业人口为保障对象的社会保险，就应覆盖各种类型的就业者；再比如最低生活保障制度，就应覆盖全社会所有成员。在此基础上，根据经济发展水平逐渐提高最低生活保障标准，发展教育、医疗和住房等方面的专项救助，增加一些配套性、发展性的服务项目，逐步建成与市场经济相适应、具有中国特色的新型社会救助体制。最后，在保障最低生活保障、基本医疗卫生保障和基础教育的基础上，以保护弱势群体为重点，扩大公共服务的覆盖面，使人人都享有基本公共服务，从而在促进经济发展的同时达到社会公正的效果。

---

①方巍：《社会排斥和融合视野下的弱势群体与社会稳定》，《浙江工业大学学报（社会科学版）》，2010年第2期。

②刘丹、梁新潮：《关于建立全民低保制度的探讨》，《地方财政研究》，2008年第3期。

第六讲

灾害与社会应急机制

>>

灾害对于人类社会的生产秩序、生活秩序以及精神生活都具有很大的破坏力，对于灾害性危机的管理势在必行。当前由于我国处于社会转型时期，灾害性危机的发生率以及破坏性都高于常规时期，而我国目前在灾害性管理上还存在着思想、体制、法律等方面的不足，这就要求社会管理者能够在和谐社会的发展理念上，坚持预防为主、防治结合的治理理念，从制度上、法律上以及行政上加强灾害性危机管理的能力。

在人类悠久的历史长河中，灾害与灾难始终是人类生产与生活的一个组成部分，如何应对灾害与灾难，是人类社会永恒的话题。广东省自古就是一个自然灾害和社会灾害等频繁发作的地区，甚至在历史上曾经是一个人类生活的“禁区”。面对灾害，人们有一套应对的生产与生活技术来保卫自己的家园。作为社会管理者，更应该有一套如何应对甚至驾驭灾害的应急管理措施，为我们构建和谐社会提供基本保障，为培育理性、包容、平和、科学的社会心态打下坚实的基础。为此，认识和掌握灾害的成因知识，以及探索和创新社会应急管理机制，是社会建设和社会管理的重中之重，必须上升到广东省长远发展和科学发展的高度来进行理解。

灾害不仅威胁人们的生产和生活秩序，而且给人们的心理造成巨大的创伤，破坏人们的生理秩序，尽管有时灾害所伤害的人只有一小部分，但是它却对全社会的人的心灵造成了伤害，所谓恻隐之心，人皆有之。尽管灾害的发生很大部分不能人为控制，但是人民群众对于灾害应急的需求是刚性的，不能因为难度高任务重就推诿，保障人民群众免于灾害的伤害是提高执政能力、巩固干群关系的关键。

目前由于我国社会处于社会转型时期，社会发展给人们群众的生活带来了便利，从某种程度上说也加重了灾害的社会性后果。目前我们国家在灾害应急上还存在法制和体制上的不完善，我们需要加强预防为主、防治结合的应急思路。应急管理时不仅要建立完善的预警机制，更要保证信息公开透明，稳定人心，如此，和谐社会才不是纸上谈兵。

一、灾害性危机管理

从语义学上分析，“灾害”一词主要是强调所发生事件的破坏性，而“危机”一词更多的是强调所发生事件对整个社会所带来的威胁，与“灾害”对应的是词是“救治”，而与“危机”相对应的词是“管理”，所以灾害应急机制不仅讲求对灾害的救治，也要强调对灾害所引发的危机的管理，对于灾害的救治更多的是从科学技术层面进行，而对危机的管理则需要更多的管理艺术。

《汉语大词典》中对危机的解释是：“潜伏的祸害或危险。”[①]福斯特发现危机有四个显著特征：亟需作出决策，并且严重缺乏必要的训练有素的人员、物质资源和时间来完成。罗森特尔和皮内伯格指出，危机是指具有严重威胁、不确定性的大事件，这种事件及其后果可能对组织及其员工、产品、服务、资产和声誉造成巨大的损害。[②]本文所强调危机是灾害引发的危机，称之为灾害性危机，它是指由于灾害所引起的创伤对社会管理造成的威胁性情境。

灾害性危机主要包括以下几种类型：

一是自然灾害。主要有地震灾害、洪涝灾害和台风灾害等造

①《汉语大词典》，北京：汉语大词典出版社，1998年版，第644页。

②〔澳〕罗伯斯·希斯：《危机管理》，王成等译，北京：中信出版社，2000年版，第19页。

成的灾害性危机。由于自然灾害的种类繁多，而且其破坏力非常之大。如1976年7月28日唐山发生里氏7.8级地震，震中烈度达11度，震源深度12公里。当天18点45分又在滦县发生了7.1级地震，同年11月15日天津宁河发生了6.9级地震，主震后的余震更加重了地震灾害。唐山地震无明显前震，余震持续时间长，衰减过程起伏大。据统计唐山大地震共造成24.2万多人死亡，整个城市陷入废墟，无数人无家可归。

二是公共卫生灾害。人类社会之所以能够繁衍至今，很大一部分要归功于卫生手段的发展。人类历史上的诸多卫生性灾害几乎造成了人类繁衍的失败。比如欧洲历史上的黑死病，黑死病是人类历史上最严重的瘟疫之一，它起源于亚洲西南部，约在14世纪40年代散布到欧洲，而“黑死病”之名是当时欧洲的称呼。这场瘟疫在全世界造成了大约7500万人死亡，其中2500万为欧洲人。根据估计，中世纪欧洲约有1/3的人死于黑死病。

三是技术灾害。科学技术的进步是生产力的保障，也是人类社会赖以为系的手段，它为人类带来了福祉，但是祸福相依，它同时也带来了灾害性危机。这种灾害性危机的发生主要是因为人类操作技术过程中的不当行为导致的。比如1986年发生在苏联乌克兰地区基辅以北的切尔诺贝利核电站泄漏事故。这次事故导致数百万人受害，仅乌克兰政府公布的分类赔偿名单中就有300多万人。并且其造成的危害至今仍然存在，有专家预测这次核污染事故对社会的负面影响将持续一个世纪之久。

四是人为伤害性事故。这一类灾害是指直接或间接由人类自身活动引起的对社会或社区造成的破坏性事故，它也包括恐怖主义的恐怖活动等蓄意破坏公共安全的行为。比如伦敦地铁爆炸事件。2005年7月7日早上繁忙时间，伦敦连续发生至少7起爆炸，死亡人数共52人，伤者逾百。数个地下铁路车站和数架巴士发生爆炸。爆炸在伦敦获得2012年夏季奥林匹克运动会主办权不足一日后发生，同时八国集团首脑会议也正在苏格兰举行。事发后，伦敦地铁全部关闭，市中心也没有公共汽车运营，但各个机场仍运转正常。伦敦本地的通信网络虽然正常运转，但由于信号拥挤，已经限制部分通信。

以上四类灾害性危机，前两者属于天灾，基本上是由于环境因素导致灾害的发生，而后两者属于人祸，基本上是由于人类行为导致灾害的发生。这种灾害性危机往往存在突发性、紧迫性和多发性，往往需要借助社会各方面的努力对它加以管理。

要成为一名有效的危机管理者，很显然，首先要确认危机情境及其来源。特别是作为社会管理者，我们首先要评估出对于我们所负责的领域可能会存在的威胁和风险。威胁是指业已存在的实质性伤害，而风险含有很强的计量因素，这些计量因素主要用于在面临各种风险时估计成本和收益，对于威胁的清除可以算作是对灾害的治理部分，而对于风险的评估和管理可以算作是一种危机管理，从某种程度上说，我们不仅需要清除灾害性危机的威胁成分，更要从长计议，对于整个风险体系进行评估，并据此作出风险管理的模式和机制，从根本上治理并预防灾害性危机的发生。

风险管理看似非常高深，实际上非常简单。它包括三个部分：风险确认、风险决策、风险治理[①]。

一是风险确认。灾害性危机的扩大不能得到有效的抑制，往往是因为风险管理的第一步——风险确认得不到落实。2003年SARS造成的大规模社会恐慌的原因在于部分卫生单位负责人由于害怕承担责任隐瞒事实，导致政府其他部门和民众都不明底细，根本就不知道风险的具体情况，这反过来加剧了恐慌的蔓延。后来国家通过派专队专人进

①〔澳〕罗伯斯·希斯：《危机管理》，王成等译，北京：中信出版社，2000年版，第41页。

行系统调研得到了第一手的灾情资料，在这个基础上风险得到了明确的审视，这才有了后续的灾情治理。

风险确认需要找到可能的风险及其来源。风险按照起因和影响等进行分类。进行风险确认的方法具体有三个：第一个是头脑风暴（brain storming）式的会议。头脑风暴是非常具有创意性的会议方式。确定了头脑风暴的议题和分工之后，头脑风暴与其他会议方式最为不同的特点是自由畅谈不去批评，不管与会者所提的意见多么幼稚多么不现实，都先不要去评判，先在数量上尽可能多尽可能广地扩展思路，为发现和解决问题创造条件。第二个方法是统计分析，对于危机管理的社会管理者而言，最为关键的问题是把握第一手的统计信息，这些信息能够让管理者第一时间明了整个宏观背景，为风险的治理提供准确信息。所以拥有一条可靠的信息渠道是风险确认成功的关键之一，闭目塞听以致亡国丧命的教训在历史上比比皆是。第三个方法是实地调查，所谓百闻不如一见，最真实的风险信息一定来源于对风险发生地的实地调查。这种调查可以直观地探查灾情，获得最为真实的第一手资料，这可以避免一些常识性的错误。所以组建一支值得信赖的调研团队在风险发生之后进入灾情现场进行第一手资料的收集是风险确认的极其关键的手段。

在通过以上三种方法对风险进行勘察之后，接下来要做的是评估勘察结果。一种最为有效的方式就是对风险进行量化，对于地震灾情的量化，我们使用里氏震级数，对于地质灾害，我们也有不同等级的灾害预警级别，同时我们经常听到的几百年或几十年一遇的灾害也是一种量化方式。使用量化的方式在于将灾情直观地反映出来，让管理者和受灾群众以及关注灾情者都做到心中有数，并且能够将灾情与其他灾情加以比较。但是管理者必须明白，人类社会活动以及风险情况远非数字可以简单概括得了的，我们决不能用数字来代替真实的论据，数字只是一个指标，用来标示灾情，真正可以赖以为决策参考的只能是第一手的数据。

二是风险决策。在确定灾情之后，管理者要进一步对须做的事情进行分析：首先是明确我们需要管理什么，亦即风险中哪些是需要控制的，哪些是不需要理会的，先控制哪一个再控制哪一个。在此基础上，为了进行这些管理，我们需要什么以实现这个目标。并且再进一步思考：不同的风险管理的方案都可能导致哪些后果，这些后果是否是我们可以接受的？而这些方案中哪一个是最优的，如何才能达到风险管理的最优？

三是风险治理。这是风险管理中最为关键的一步，因为除非我们真正将风险确认的信息和决策一一贯彻，否则风险管理根本不会达到其应有的意义——将风险清除。在具体的风险治理中，首先我们要明确谁是风险的波及者或受灾者，这是风险治理最关键的受众，然后我们根据风险决策的结果对灾情进行具体救治实施。其次，要保证信息的透明化，让受灾者和公众都能获得诚实可靠的相关信息，这可以增加风险治理的效果，增强受灾者的信心。最后也是最为关键的一点是尽量让受灾者和其他公众也能参与到风险治理之中，授人以鱼不如授人以渔，让群众不仅是被动地接受援助，也要让他们成为助人者，这不仅可以提高风险治理效度，而且也能增强群众信心，为他们尽快从灾情中恢复过来提供了渠道。

以上风险管理的具体步骤虽然明确，但是最为重要的一点是社会管理者不能被动地等待风险和简单地治理危机，而是要积极地预防管理风险。事实证明，预防危机和灾害的发生之成本远远低于灾害发生之后的救治成本。所以我们要有一个风险的意识，尤其是我们现在所处的当代社会乃是一个风险社会。

系统理论认为，一些大的事故可以从根本上被看作是系统的失败。这些系统包含着人和技术的因素，这两方任何一方的失败都能产生危机。这些理论家同时认为，这种系统失败典型地代表了组织系统内人或技术运作的失败。2011年日本发生了8.9级大地震，尽管随后发生的核泄漏事件主要是由地震所致，然而我们依然可以认为核泄漏事件的发生是由于核工厂的系统有问题，因为其他类型的发电厂不存在地震之后的负面后果，或者说核电站本身就是一个不稳定的系统。

查尔斯·佩罗的“正常事故”理论则认为组织系统是预先决定大多数灾难的背景，应该受责备的是系统，而不是个人。一些灾难性的事故是发达的技术社会的一个不可避免的特征，当两个或更多组成部分或过程以先前没有预见的方式功能失灵时，那么这些系统就可能失败，所以密切连接或互相依赖的部分的数量越多，那么当两个或更多的相连部分失败时，严重的失败的可能性也就越多。[①]现代社会是高度分工的社会，社会技术对契合度的要求非常高，因而发生灾害性危机的几率相对传统社会来说要高很多，2011年的日本地震后的核泄漏事件即是一例。

二、目前我国应急机制中的问题

自20世纪80年代开始，中国业已进行了30多年的社会转型，这种转型主要是通过政府改革的方式拉动的。这种社会转型主要体现在两个方面：一是认为当前中国社会正处在全面转型期，其主要标志是中国社会正从自给半自给的产品经济社会向社会主义市场经济社会转化，正在从农业社会向工业化社会转化，正在从单一性质社会向异质多样性社会转移，正在从伦理社会向法治社会转化。二是认为当前中国社会转型主要表现为相互联系的三个层面：其一是

①竺乾威：《管理危机理论概述》，上海：上海人民出版社，2007年版，第5页。

结构转化，即当前中国社会的社会整体结构、社会资源结构、社会区域结构、社会组织结构以及社会身份结构均在发生转化；其二是机制转换，即当前中国社会的利益分配机制、社会控制机制、社会流动机制及社会保障机制等都在发生转换；其三是观念转变，即随着当前中国社会结构的转化和机制的转换，人们的价值观念也发生转变。改革引起了社会结构基本要求的分化和重组，原有的社会结构被打破，新的社会结构要素不断生成。在这样一个转型过程中，社会结构要素的变动异常活跃，也异常动荡不安。社会结构各个部分、各要素相互错动，充满了不安定因素。社会运行处于一种不稳定状态，各种社会失序现象在这一时期会突显出来。①

中国目前所处的社会时期比较特别和关键，社会各方面的变化也比较剧烈。根据发达国家社会转型的一般规律，当国家和地区的人均GDP在1000美元到3000美元之间时是社会发展比较剧烈和不稳定的时期，也是人口、资源、环境、效率和公平等社会矛盾比较突出的瓶颈时期。现实也证明我国目前公共管理领域内的各类事件不断凸显出来，对公共安全造成巨大危机。所以这种社会转型所带来的不稳定一方面使得灾害性的社会性后果更为凸显，另一方面也使得灾害性的防治与管理变得异常困难。现阶段由于我国正处于社会转型时期，因而灾害性危机的发生率比其他时期要更高。

（一）人与自然的冲突——灾害性危机发生的环境诱因

自然界是人类赖以生存的基础，人与自然是不可分离的有机整体，人是自然界的产物，自然是人的栖息地和庇护所。在以前科学技术不发达的情况下，人类行为完全受制于环境，灾害的发生既

①刘祖云：《从传统到现代——当代中国社会转型研究》，武汉：湖北人民出版社，2000年版，第53—54页。

不能被预测也不能被控制，人类对环境的约束近乎无能为力，而在科学技术比较发达的今天，人类的科学技术实际上已经可以改造大部分自然环境，自然成为了社会性的自然。但是这种改造成功也使得人类开始对自然不再敬畏，而是坚定“人定胜天”的改造自然的信念。所以人类行为开始不顾及自然规律，愈来愈脱离了自然的怀抱，于是招致自然的报复，厄尔尼诺现象、温室效应、南极上空的臭氧层洞等都是人类自食其果。

人与自然的不和谐体现在两个方面：一是人口增殖导致了人与环境的结构性矛盾。中国是人口大国，人口压力导致的人与自然之不和谐中国人体会最深。现在全球每年净增人口9000万，中国约占15％。目前中国人口已达14亿，要满足不断增长的人口的物质文化和精神文化需要，就要不断地向自然攫取。在人口压力之下，毁林开荒、围湖造田、过度放牧等摧毁性人类行为导致了自然环境的急剧恶化，加剧了人与自然的矛盾。二是人类对自然环境的不合理使用。在中国经济建设的过程中，出现了大量的“唯GDP论”的错误路线，在这种路线的指导下，经济效益被放在第一位，为了发展经济甚至不惜牺牲自然环境质量，这种负面后果已经在日趋恶化的自然环境中得到了体现。我国有1/3的土地遭受过酸雨的袭击，七大河流中有一半的水资源不可用，1/3的城市人口不得不呼吸被污染的空气，世界上10个污染最严重的城市中，中国就占5个。2005年，瑞士达沃斯世界经济论坛发布的“环境可持续指数”（ESI）显示，在全球144个国家和地区中，中国排名第133位。严重的环境污染已经成为影响我国公民健康的巨大杀手。

（二）我国应急管理中的体制性问题

体制是指国家机关、企事业单位的机构设置、领导隶属关系和管理权限划分等方面的体系、制度、方法、形式等的总称。体制涉及两方面：一是结构的设置问题，一是各机构之间的关系。目前我国在应急管理中的体制格局乃是纵向集权和横向自治。[①]具体来说，中央层面主要由国务院进行统一领导，国务院作为国家公共危机治理的最高行政机构，统一领导各种灾害性危机事件的预防和处理工作，国务院设有安全生产委员会、中国国际减灾委员会等领导机构，负责统一领导和协调相关领域的灾害性危机事件，这是一种分部门分灾种的单一管理模式，因此地方政府则相对处于被动状态；而同时我国长期以来一直没有一个全国统一的灾害性危机事件应对管理机构，而是采取了分部门和分类别管理，依靠各部门在自己相应管理管辖范围内对某一单项性灾害性危机进行集中处理，各部门和机构之间互相独立，缺乏相应的配合与协作。2001年我国在原有相关机构的基础上成立了中国国际减灾委员会，2005年又调整为中国国家减灾委员会，并成立了该委员会的科技委。国家减灾委作为一个部际协调机构已成为中国应对自然灾害之中央政府的最高机构，其办公室设在民政部。此外，民政部还组建了国家减灾中心，作为承办国家减灾委和民政部相关工作的一个技术支撑单位。

目前，中国各类自然灾害风险的行政管理，依自然致灾因子仍然由与此相关的部委局负责管理。一些影响较大的自然灾害由国务院特别设立的专门领导小组，如国务院防汛抗旱领导小组、国务院抗震领导小组进行管理。负责管理灾害的机构大致分成三类，一类是协调指挥机构；第二类是危机处理机构；第三类是军方，在灾害应急处理中经常参与。

于是在这种体制下，灾害性应急机制出现了许多问题，其中最主要的问题是效率低下和资源浪费，其次是社会参与的缺失。我国

①周晓丽：《灾害性公共危机治理——基于体制、机制和法制的视角》，北京：社会科学文献出版社，2008年版，第133页。

在灾害管理的过程中的基本参与人员主要是政府组织人员，非政府机构的介入非常有限，志愿者组织也很薄弱，相比之下，发达国家在公众参与灾害救治的人员比例则大得多，救灾配合也成熟得多，德国有130万现役志愿消防队员，5个大的志愿者组织的50万义务工作者以及联邦技术救援机构提供的7.6万名志愿工作者，德国还专门设立了危机管理培训学院（AKNZ），该学院是中央培训进修机构。学院的重要任务是加强联邦和各州共同管理危机的职能，加强各救灾组织机构的协同能力以及指挥领导者、管理人员和专业技术人员的能力，并增进国内外相互交流。

（三）我国应急管理中的重治轻防问题

事实证明，将灾害根治于萌芽状态是伤害性最小也是最节省人力物力的，然而我国长期以来缺乏公共危机意识，并没有良好的防灾意识和防灾管理，在灾害发生之后便出现应对不足以及浪费资源现象。比如SARS事件中，由于事先缺乏足够的准备，缺乏大量的卫生资源供给，各方面的协调机制也出现错位甚至紊乱，给不法分子哄抬物价提供了可趁之机，甚至造成了不必要的人员伤亡，国务院不得不投资几百亿元用于公共卫生的应急处理，但是其他类别的灾害前的预防是否能够从中学习到教训目前尚难肯定。

政府作为公共资源的提供者和执行者，是灾害管理的主要负责者，在灾害管理中处于关键地位。而衡量和考察一个政府是否能够良好地应对危机有三个方面，分别是预警、救灾和善后，而常识告诉我们危机越拖则治理成本越大，所以能够及时预防、发现并对灾害提出警示对整个救灾过程显得极为关键。在这一点上，日本政府的灾害预防方面比我国做得更为到位，很多好的经验值得我们借鉴。

为纪念1923年9月1日发生的关东大地震，日本政府于1960年决定将9月1日定为“防灾日”。在每年法定的“防灾日”，全国上下都动员市民参与大规模的地震防灾演练，一方面让市民懂得如何应付突如其来的灾难，另一方面也是提醒市民时刻不忘防灾，处处着眼于加强防灾意识。此外，各个地震多发区的居民组织经常进行一些综合性防震训练和地域防灾训练。日本全国各地设有许多大大小小的地震博物馆和地震知识学习馆，并免费向市民开放，让市民们亲身体验地震。在这些地震馆内有模拟火灾现场的烟雾走廊，有模拟地震的震动平台，供人们亲身体验6级地震的状态。因此，对日本国民来说，强烈的防震救灾意识已经深入人心。还有完善的地震灾害监测防治系统。日本在部分海域水下2000米处安装了监测系统，通过海上监测船将有关信息发射到人造卫星上，再利用全球定位系统，密切监视大陆架板块的移动。此外，日本政府还开发了“地震受灾早期评价系统”，储存了大量4级以上地震的灾难资料，一旦发生大地震，该系统可以在30分钟内自动计算出受灾规模，指导当局有针对性地迅速展开救援措施。在城市建设规划之时，日本也十分重视防灾避难的设计。抗震性和安全性是日本建设公路、铁路和公园等城市基础设施的重点。在日本的城市，有许多政府指定的避难缓冲地带，不少城中绿地和街心公园的入口处都插着“地震避难所”的牌子。

再比如，在日本的各个大公司，员工的办公桌下都有免费配置的防灾应急箱，这种防灾应急箱体积不大，内部配置略有差别，大体可以满足地震发生时幸存人员的自救需要，可以最大限度地延长幸存人员等待救援的时间。防灾应急箱中的物品有：加强橡胶指垫的棉线手套一副；应急食品两罐；饮用水两罐；经过特殊处理的蜡烛两根、火柴一盒；超薄保温雨衣一件；高强度尼龙袋一个。防灾应急箱会定期更换，以避免过期，而箱中即将过期的食品和饮水，因为没有回收价值，通常免费提供给员工。这个小小的防灾应急箱虽然是一个小小的细节，但是却显示了日本人对预防和应对地震的良好意识。

（四）我国应急管理中的法制性问题

从法制角度上看，应对灾害性危机最好能在国家常态下制定出相应的法律政策以保证在灾害突发的情况下救灾和善后工作都能有法可依并有条不紊地进行。

当前我国灾害管理主要依据为《国务院关于实施国家突发公共事件总体应急预案》，其中对于国家灾害等突发事件应急法律保障仅做出了比较笼统的说明："依据宪法及有关法律、行政法规，制定本预案"；《国务院有关部门和单位制定和修订突发公共事件应急预案框架指南》也是进行突发事件应对的依据。但是目前还存在一些问题，其中包括两个方面的问题：一是具有明确针对性的法律不够完善；二是法律监管尚不明确。我国传染病防治有关的法律文件共有43个，而其中41个文件是在SARS肆虐期间临时应急而制，这说明目前在法律上应急管理方面的法律尚有诸多亟待完善的地方。

三、应急性管理对策

（一）和谐社会的总体指导性

党的十六届四种全会通过的《中共中央关于加强党的执政能力的建设的决定》提出要形成全体人民各尽所能、各得其所而又和谐相处的社会，这是巩固党执政的社会基础，实现党执政的必然要求。2005年2月19日，胡锦涛总书记在中央党校省部级领导干部研讨班上的讲话中提出我们要建立的社会主义和谐社会是民主法治、公平正义、诚信友爱、充满活力、安定有序、人与自然和谐相处的社会。

诚如胡锦涛总书记的和谐社会之定义，人与自然的和谐以及社会的和谐是我国现阶段极为关键的宗旨，因而目前社会管理必须遵循这一宗旨，将人与自然的和谐放在首要位置。发展是硬道理，但是发展不能不讲道理，尤其是发展经济的过程中，切勿以牺牲环境为代价，而必须坚持可持续的发展观。

尽管坚持人与自然的和谐并非仅仅属于社会管理的范畴，它需要整个社会的集体配合，但是作为社会运行的有机部分，社会管理者必须要有和谐的意识。坚持和谐社会的理念有助于缓解人与自然的紧张，促进人与自然的和谐共处。

（二）预防为主、防治结合的管理思想

很显然，通过预防为主的方式可以有效地将灾害扼杀在萌芽之中，无论是从灾害的降减上，还是从管理成本的降低上，预防为主的方式都可以有效地实现以上两点。预防灾害的成本可能只用到灾害救治以及灾害性破坏的万分之一甚至更低，考虑到预防灾害的机会成本，这个比例也不过千分之一。

通过科学技术检测并预警灾害，这是比较可靠的预防方式，主要涉及灾害资料的收集、传递、处理、识别以及发布的过程。良好的预警系统可以在危机发生时更快地做出反应，并能够保护人和财产，而且可以激活积极的反应系统，比如火警系统可以让现场人员安全撤离，自动进行灭火。实验证明，人类的自然反应时间难以应付灾害的发生，预警可以让人类在心理上做好应对灾害的准备，这也是兵家的计谋“以逸待劳”的原理。

对公众一定要明述预警的原因及含义，并且告诉公众应该如何行动，同时一定要保证预警的公信力，要保证公众收到预警的渠道是可信的，信息是正确无误的。信息安全对于灾害管理尤为重要，所以在灾害发生前后，对于政府其中一个非常大的考验就是政府是否能够及时收集到准确可靠的灾情信息并及时传达给公众。收集灾

情信息是一个技术问题，而传递信息是一个公信力的问题，一个合格的政府必须同时拥有良好的技术以及公众可以信赖的公信力。同时面对公众的情绪和信息需求，管理者必须保证与公众进行有效的沟通，这种沟通不仅是信息的沟通也是情感的沟通。当2008年汶川地震发生时，温家宝总理第一个赶赴现场，这对于身处灾区的灾民以及关注灾情的公众来说都是极为关键和令人鼓舞的。同时，温总理出现在灾区也是一种印象管理，他的这一举动在向全国甚至全世界传递一个信号：中国政府与灾民心血相联同舟共济。

（三）专门性具体性的应急体制建设

政府是灾害性危机管理的主要负责人，所以加强政府处理灾害性危机的能力是政府职能的重要议题。对于现代政府而言，进行专门性具体性的职能部门建设才是最为关键也是最为有效的对策。

首先，政府必须担任灾害性危机管理的中心角色，并且通过内部权力划分，使各种针对危机的职能在体制上得到贯彻和落实。从制度架构上，政府必须设置专门性的灾害性管理机构来进行专门管理，而不能再让其他职能部门兼职性地代理。这样一来，具体的管理职能以及具体性事务才能得到根本的落实，而且预防为主的政策也需要这种常务性的职能部门进行日常的维序。

其次，在政府之外建立自主的非政府的治灾防灾组织和个人。事实证明，单靠政府的单打独斗是很难出色地完成防灾抗灾的，只有坚持一方有难八方支援的救灾理念，坚持团结各方的管理理念，才能将灾害性危机的管理做得更好。然而政府与社会的结合不是一种临时性的结合，而应该是一种体制性的结合，一种常态的结合，像德国的义务消防队以及有组织的志愿者一样，将社会上的防灾救灾的力量组织到体制内。这样一来，具体的抗灾工作中也不会出现资源浪费和效率低下的情况。这类社会组织既可以是业已存在的企业，也可以是专门为救灾防灾而组建的组织，同时也可以是分布在社会各个角落的公民。

（四）法制落实与司法监管

法律手段是社会管理中行之有效的手段，以上灾害性危机管理的制度建设以及体制建设最后都必须落实到法律建设上来，因为管理思想和管理体制都在一定程度上具有变动性，只有落实到法律上，才能够使得灾害防治变得有法可依，才能让灾害防治工作更具有稳定性。

西方国家关于灾害性危机管理的法律具有以下特征：在宪法中规定了紧急状态制度，确立了政府在紧急状态时期的基本法律权限，使得政府在紧急状态时期行使紧急权力严格地限制在宪法所允许的范围之内，而且制定紧急状态法，来对各种紧急状态下的政府行使紧急权力作统一规定。这种做法既让紧急状态下的政府有法可依，又可以防止政府滥用职权。

所以，我国应急管理在法制上面临着两个问题：首先应该在宪法上对应急情况和应急管理方法作出说明和解释，为整个法律体系奠定法理基础；其次在具体的法律中要尽量作出明确的规定，让法律具体化、明确化以及细节化。

第七讲

流动人口与社会监控机制

>>

当代中国潮起潮涌的人口流动给社会的发展和管理带来了新的问题和挑战，特别是城乡之间的人口流动更呈现出独特的中国特色。随着全球化时代的到来，人口流动又添加了国际化的色彩。如何化解流动人口流动中的困境，帮助他们在社会保障、就业、住房和子女读书等方面获得与当地人一样的待遇？如何打破流动人口漂泊不定的状态，帮助他们在制度层面与社区层面真正融入迁入地？这一系列问题的解决需要依赖政府的社会管理功能，需要政府尽快建立并完善流动人口社会监控管理体制。

改革开放以来，随着我国从计划经济向市场经济体制的过渡，大量社会事务开始产生，社会管理开始成为政府的重要管理职能。近年来，伴随着流动人口不断流入城市，他们对城市建设和经济发展做出了巨大贡献，成为城市建设不可缺少的一部分。但是，也为社会的发展和管理带来了新问题与新挑战，如城市流动人口的社会保障、公共卫生与安全、就业与住房，等等。建立并完善流动人口社会监控管理体制是一项亟待提上议程的事项，也是一项集复杂性、长期性于一体的任务。

一、当代中国的人口流动

广义来讲，人们为了自身的利益从一个地理单元移往另一个地理单元，并较长时期居住的社会经济现象称为人口流动；从狭义上来看，人口流动则被视为劳动力在空间上的流动和转移。在当下的中国社会，人口流动主要表现为农村劳动力从较不发达地区的乡村向较发达地区的城市流动，即一定时期内离开常住户口所在地、在另一行政区域暂时居住的暂住人口，尤其是以谋生营利为目的、自发在社会经济部门从事经济和业务活动的城市暂住人口。这其中，向城市流动并在城市中务工经商的农村剩余劳动力占据了主导的比重和地位，目前他们多是以“农民工”或是“进城农民”的身份和面目出现的，并已演化成为城市中的新生社会群体，其流动具有经济性、无序性、季节性和群体性，流动量大、流动面广且构成混杂的特点。除此之外，伴随着全球化时代的到来，中国的人口流动不仅表现为本国人口向欧美发达国家的迁出，还出现了非洲、东南亚等国家的人口向我国迁入的趋势，如在广州大量黑人进入当地经商，并形成一定规模的聚集。关于人口流动与流动人口的概念笔者作一个简单的区分，前者更强调作为一种社会经济现象的人口在空间上的转移，而后者则主要侧重作为一种人口存在状态的内涵。换句话说，人口流动是一个动态概念，而流动人口是一个静态概念，但从本质上来说二者所指涉的意义一致。因此，本文会根据具体的情境选择相应的概念表达。

（一）人口流动特征

20世纪80年代以来，伴随着城市化的进程，我国人口流动性不断加强。1990年人口普查取得的有关人口迁移的资料显示，其人口迁移的特征主要包括：人口迁移与流动性增强；人口流向东南沿海；工业和第三产业从业人员等经济类迁移逐渐占居主导地位等。90年代以来，随着我国开始进入由需求引导的新增长阶段，城市化进程日益加深，每年都有大量人口进入新增劳动力队伍，我国人口流动可谓潮起潮涌，不断表现出新的特征及趋势。

人口流动的规模上升，非正式迁移表现明显。1987年，当年人口迁移规模超过3000万，1994年超过4000万，1999年超过5000万，2000年人口迁移的规模已经接近6300万。其中非正式迁移的规模对总迁移的贡献越来越大：1993年，非正式迁移人口的规模超过户籍迁移；1999年占到总迁移人口的2/3，在2000年达到70%，达4391万；根据2011年第六次人口普查的结果，我国现有流动人口已达到26139万。[①]从迁移率来看，我国人口实际经历了三个明显的阶段：第一阶段是1954年到1962年，我国人口迁移最活跃的时期；1963年到1977年，随着以“控制户口迁移”为特征的抑制迁移政策取代第一阶段相对宽松的“自由迁移”政策，形成我国人口迁移强度低下的一个特殊阶段；改革开放以来，我国人口迁移进入一个新的活跃期，人口的年度迁移率已经从1978年的2.26%提升到2000年的4.99%的水平，已经和20世纪50年代的最高水平持平，人口迁移强度正在接近发达国家80年代初的低端水平。[②]

流动人口增长速度加快。人口净迁移反映的是相对长期的移动状况，在我国流动人口集中体现在短期的劳动力流动规模更大，且流动速度快。根据2011年的第六次人口普查，居住地与户口登记地所在的乡镇街道不一致且离开户口登记地半年以上的人口为26139万人，同第五次人口普查相比，增加11700万人，增长81.03%，我国流动人口大量增加。

经济因素成为人口流动的重要牵引力。根据最新的统计数据，北京、天津、辽宁、上海、江苏、浙江、福建、山东、广东、海南等沿海省份继续成为净迁入区，仅广西是净迁出，而中部地区除山西外基本上全部是净迁出，西部地区省份也是净迁入，形成东、西部迁入，中部迁出的新格局。对于迁入地来说，流入数量最大的是广东省，广东省一年的流动人口超过2000万，全国有近1/5的流动人口是在广东。这种格局形成的主要原因是经济因素的牵引力，农村大量的剩余劳动力涌向城市，寻求就业机会。需要指出的是，目

①该数据来自国家统计局第六次人口普查。

②杨云彦：《九十年代以来我国人口迁移的若干新特点》，《南方人口》，2004年第3期。

前我国的流动人口主要还是以寻求就业机会为导向农村劳动力向城市的转移。而受经济全球化的不断深化，非洲等第三世界国家的人口以经商等经济因素为目的，不断涌入我国东南沿海经济发达的省份。

我国人口流动具有规模大、速度快的特征，然而进一步深挖这背后的规律可以发现，这些现象的背后隐藏着相对固定的流动机制。在市场经济的原则下，劳动力的流动相对自由，在对其进行调控时可以抓住一点，即经济因素的作用。这里的经济因素包括两个方面：劳动力的价格和当地的经济发展水平。李强认为在市场经济的的条件下，劳动力总是从价格低的地方流向价格高的地方，调整劳动力的价格就会引起劳动力流动规模和方向的变化。[①]另外，对当地的生活成本进行调控也可以调节劳动力的比例，这主要是作用于影响流动的“推与拉”的力量，通过改变这股力量的对比来改变流动规模和方向。而这一机制对认清人口流动的规律，进一步改善对人口流动的管理起着重要的作用。

（二）城乡人口流动

工业化与城市化必然导致大规模的城乡人口流动，但是，对于当今大多数的发展中国家而言，城乡人口流动并不顺利，究其原因主要是农业部门的大批剩余劳动力，不断地涌向发展较快的城市，而城市并不能向他们提供充足的就业岗位，而这促成了当代中国独特的城乡人口流动现状。

中国的城乡人口流动受城乡二元户籍制度的持续影响，从农村流向城市的劳动力一直只能处于流动状态，即难以成为定居下来的城市人口。通常他们只身前往城市打工，把家人留在家乡，定期返

①李强：《关于农民工政策的反思》，《流动与融合——农民工公共政策改革与服务创新论集》，北京：团结出版社，2005年版，第34页。

回家乡与家人团聚，打工积攒的钱不是在城市里购置房产而是在家乡建造大房子，人生大事都安排在家乡而不是工作的城市。一项针对大众城市农村移民的调查数据显示[①]，城市中的农村移民只有约11.2%在城市中拥有私有房产，绝大多数的农村移民家庭是租住房屋，18.8%是住在公房、集体宿舍或工棚里，其余的6.2%属于其他情况。在大中城市，只有约1/10的农村移民成为了定居性移民。在中小城市，由于房产价格还不太高，房地产还不太发达，以及对外来移民的歧视和排斥不太强烈，农村移民在农村老家还耕种着土地，50.3%的农村移民还有家人留在农村老家，32.3%的农村移民有子女留在农村老家。从这些数据来判断，在大中城市，大约半数的外来农村移民只能算是流动性的劳动力。

（三）外国移民——以广州黑人为例

随着中国的开放步伐不断加快，国际的人口流动问题也开始逐渐成为城市人口管理中的新兴课题。中国的部分城市已经形成了国际移民聚居区，如北京海淀区五道口的韩国人聚居区、上海古北虹桥的日本人聚居区、义乌的“中东人一条街”，等等。

迄今为止，官方数据中还查不到在广州常住的非洲移民数量。据学者们的研究和估算，这类人口应该于2009年达到了2万的规模[②]。目前，广州的各个区域都有外国移民居住，但是他们的聚居区集中在中心城区。外国移民的聚居区大致分布在“三元里片”、“环市东片”、“天河北片”、“二沙岛片”、“番禺片”等五个地段[③]。非洲移民在广州的聚居区主要就在“三元里片”和“环市东片”这两块。环市东路片区指以广州市环市东路为中心的秀山楼、淘金路、

①李春玲：《移民与社会流动》，《江苏社会科学》，2007年第2期。

②李志刚、薛德升：《广州小北路黑人聚居区社会空间分析》，《地理学报》，2008年第2期。许涛：《广州地区非洲人的社会交往关系及其行动逻辑》，《青年研究》，2009年第5期。

③李志刚、薛德升：《广州小北路黑人聚居区社会空间分析》，《地理学报》，2008年第2期。

花园酒店、建设六马路等一带，而三元里片区主要是指以三元里为中心的白云区金桂村、机场路小区等地①。

聚居在广州的非洲移民以从事贸易为主，少部分从事文职工作和体力劳动。非洲移民在东南沿海入境之后，自然会选择立足于开放程度很高的广州。而作为全国的重要贸易中心，广州完全可以满足外国移民进行国际贸易的需求。非洲移民来到这里以后，可以非常方便地与珠三角乃至内地的企业进行各种大宗物品和小宗物品的交易。因此，广州聚居的非洲移民以从事贸易行业的商人为主。这些从事贸易的非洲移民主要分成以下三类：第一类是临时签证入境者，这类人最初不以商业目的入境；第二类是以做生意为目的入境者；第三类是非洲大公司派驻中国的常任代理。

二、流动人口的社会问题

（一）我国城乡人口流动的社会问题

可以说大规模的人口流动不仅仅是社会变迁的后果，也是社会变迁与转型的具体体现。它在促进城市化的进程中起到了重要的作用，改变了城市与农村人口的生活方式与生活感受，然而这也带来了不可避免的社会问题。我国城乡流动人口的社会问题主要包括：就业非正规化②、居住“贫民窟化”、子女教育问题化以及犯罪问题突显化，具体表现如下：

1．就业非正规化

根据国际劳工组织的观点，所谓“非正规”是指所从事的劳动“得不到公共当局的承认、记载、保护或者管理”，得不到法律法

①许涛：《广州地区非洲人的社会交往关系及其行动逻辑》，《青年研究》，2009年第5期。

②王春光：《农民工的“半城市化”问题》，《社会学研究》，2006年第5期。

规的承认和保护，因此经常被剥夺了七种基本保障：劳动力市场保障、就业保障、工作保障、生产保障、技能保障、收入保障和代表性保障。[①]具体表现为就业不稳定，面临随时被解雇的危机；工作时间、工作安全性得不到应有的保障；缺乏医疗保险方面的支持，容易出现“因病返贫”的局面；工资遭拖欠，甚至没有基本的收入保障；缺少集体维权的意识和组织能力。

在我国城市社会中非正规就业十分普遍，其中进城务工的流动人口数量庞大，据统计其达到了6135万。[②]他们在城市里从事当地人不愿问津的脏、苦、累、重、险的工作，就业领域集中在服务业、建筑业、零售业、餐饮业、制造业、交通运输业等劳动力密集、低技术水平的行业。由于非正规就业的形式，导致大多数流动人口得不到法律或者相关制度的保护，他们游离在体制之外，而那些非正规的职业往往被市政管理当作扰乱城市管理的非法行为处理。另外，非正规职业意味着就业不稳定，经常变换工作，而这无疑加重了行政部门对流动人口的管理任务。

2. 居住“贫民窟化”

城乡流动人口绝大部分居住在城市低租金、非正式的房屋中，居住环境简陋、恶劣，房子区位差。“对于没有当地户口的流动人口而言，租房是最好的选择，在两城市各有超过一半的流动人口采取这一方式。而对于住在郊区的流动人口，租借私房是十分普遍的做法。”[③]这种居住形式主要有两类，一种是指以群居为主的“城中村”，另一种则是政府提供的简易房屋。王春光将流动人口特别是城乡流动人口居住状况概括为边缘化[④]：居住地被排挤到城乡接合部，远离城市中

①转引自李真：《农民工的“半城市化”问题》，《流动与融合——农民工公共政策改革与服务创新论集》，北京：团结出版社，2005年版，第45页。
②王萍：《解决城市非正规就业的政策主张》，《非正规就业论坛》，2004年第7期。
③吴维平、王汉生：《寄居大都市：京沪两地流动人口住房现状分析》，《社会学研究》，2002年第3期。
④王春光：《农民工的“半城市化”问题》，《社会学研究》，2006年第5期。

心和繁华地带、环境优美地带；与城市居民居住条件改善不同，他们的居住环境甚至日趋恶劣；住房消费市场被分割，只能消费低廉、非正规、边缘的房屋租赁市场。不仅如此，边缘化的居住场所从某种程度上来说是被区隔出了城市人的生活圈外，他们不仅居住条件差，而且还不能与城市人共享城市公共生活，对于城市中丰富的公共设施，如图书馆、博物馆、公园等，他们无法享用，可以说无论从地理上的区位还是生活上的场域，他们都被边缘化、被区隔出了城市的公共空间。

3. 子女教育问题化

流动人口的子女教育也是一个重要的问题，通常他们的子女有两种状态，一种是留守在家里的流守儿童，另一种是跟随父母进城打工的流动儿童。前者主要接受乡村教育，而后者的教育则与城市提供的教育资源与设施密切相关。对于流动儿童来说，他们跟随父母来到城里打工，就读在农民工子弟学校，这类学校的资源和设施极其缺乏，没有操场、电脑房、实验室等基本的硬件设备，学校的老师也频繁流动和更换。更重要的是与城里的孩子相比，他们会感到强烈的自卑。总而言之，教育对于流动儿童已经成为亟待解决的问题，关系到第二代或者第三代农民工的城市适应和融入。

4. 犯罪问题突显化

根据人口犯罪抽样的调查来看，流动人口犯罪约占城市总犯罪人口的60%—80%，其中农村籍的流动人口又占总流动人口的70%左右[①]，从这个数据来看，我国流动人口已经占到全国总人口的1/10，成为城市犯罪人口的主体部分，其中又以城乡流动人口为主。陈炜等人将该现象解释为城乡在经济、教育、社会保障等方面

①王大中：《北京市流动人口犯罪问题调查报告》，《中国人民公安大学学报》，2007年第2期。

的巨大反差造成的相对剥夺感所致。[①]在农村，农民赖以生存的生产资料在城市化的过程中被低价收购，与此同时城市日益繁华，当他们携带子女进城打工，一系列的问题又浮现出来，在与城里人一次一次的对比中，相对剥夺感凸显出来，犯罪率出现上升的趋势，这无疑成为社会不安定的因素。除此之外，由于劳资纠纷引发的寻衅闹事、打架斗殴，就业不稳定诱发的诈骗、抢劫等事件也是此类人群犯罪的重要来源。

以上问题的出现归根结底是由于中国二元结构的社会制度导致，不少学者都提到户籍管理制度，笔者认为这是解释上述问题的重要方面，但不仅仅是户籍制度这个层次。换句话说，户籍制度只是中国二元社会制度的突出表现。刘林平、万向东等学者将中国二元结构的社会体制概括为[②]：土地产权不明确，使得土地的产权和使用权脱离；城乡分割的户籍制度，以及在此基础上形成的流动人口管理制度；与户籍制度挂钩的就业、教育、医疗等社会福利和保障制度；财政上中央与地方的利益分割格局，形成公共产品的城市化与属地化。在上述一系列制度的作用下，导致了社会的不公平，农民工无论在就业、经济收入、社会权利和发展机会上都远远落后于城里人，他们的子女无法获得平等的教育资源、他们的居住条件得不到改善；不仅如此，二元结构的社会制度还使得工业化与城市化的进程不彻底，城市化滞后于工业化，人口流动受阻，农民工涌入城市却无法获得稳定且正规的职业；而不平等的社会地位与不稳定的职业状态相互叠加之后，外来人口的犯罪问题日益突出出来。因此，解决流动人口在就业、住房、子女教育等方面的制度性问题是治理流动人口的关键所在，只有在制

①陈炜、徐绫泽：《“相对剥夺理论”在农村流动人口犯罪防控中的应用》，《法学杂志》，2010年第3期。

②刘林平、万向东等：《二元性、合法性、组织性与农民工问题》，《中山大学学报（社会科学版）》，2005年第2期。

度上实现了他们存在的合法性，流动的困境才能得到根本的解决。

（二）广州黑人的文化适应问题

由于非洲移民在语言、行为、生活方式等各个方面与中国人存在相当大的差别，他们在广州的社会生活往往要经历一段适应和调整的阶段。非洲移民在广州所面临的问题主要有社会关系紧张、社会支持的断裂和文化适应不良等方面。

非洲移民与本地人的关系存在一定的张力，这主要来源于双方生活习惯的差异。非洲移民喜欢晚出晚归，夜间活动。作息时间上的差异给他们和广州本地居民的共处带来了一些问题。非洲移民的这种作息安排在一定程度上影响了本地人的生活，可是本地人又由于语言上的障碍，无法与非洲移民进行协调，最终导致了双方的矛盾和误解。比如非洲移民喜欢使用浓香水，而广州人反映在距离非洲人很远的地方就能闻到香水味，他们很不习惯这种气味。

社会支持网络的解构和重构也是非洲移民面临的重要问题。非洲移民来到广州后，他们原本的社会支持网络必然走向弱化或断裂。此时，他们亟待建立新的社会支持网络。然而，由于文化的障碍和公民身份的缺失，他们很难在广州真正地融入当地社会。于是，他们面临本国社会支持弱化或断裂以及移入地社会支持缺失的困境①。

三、流动人口的社会管理

（一）我国流动人口社会管理制度

我国流动人口社会管理制度主要包括人口登记制度、计

①许涛：《广州地区非洲人社会支持的弱化、断裂与重构》，《南方人口》，2009年第4期。

划生育制度、社会保障制度、流动人口社会治安制度，主要由城市基层政府或职能部门或者其委托机构执行，并接受相关体制内职能部门的监督。该体制的演进至少经历了三个阶段：

计划经济时期的严格控制流动人口的社会监控管理体制。高度集中的计划经济时期，政府实行严格限制人口流动的社会管理体制。政府主要通过严格的户籍身份制度将城市与农村人口限制在所在地，同时垄断着公共资源分配，基本上阻止了城市流动人口的产生。

改革开放初期的城市流动人口的防范式社会监控管理体制。这一时期对流动人口实施防范式管理，以户籍制度为基础，把城乡分割式的二元社会管理延伸为城市内部的二元社会管理。城市流动人口属于"二等公民"，基本权益、机会得不到保障，无法享受与城市居民对等的待遇。对于城市政府来说，以农民工为主体的城市流动人口的涌入是对城市秩序的破坏，是城市社会的不安定因素，消极因素大于积极因素。

当前的流动人口属地化社会监控管理体制。当前，我国城市流动人口社会管理主要为属地化管理。属地化管理体制，主要是指由城市政府（目前一般为街道办事处一级）对外来流动人口进行的直接管理。"单位负责、条条保证、以块为主、条块配合"的管理体制，以流动人口现居住地为主，居住地的城市基层政府对辖区内流动人口实施管理，管理职能和事务受上级主管部门和职能部门的领导。这种设置基本上是政府行政管理机构的延续，管理方式与内容都是行政化的，政府的城市流动人口社会管理职责是对上级部门负责的。属地化管理机构设置图大致如图7-1。

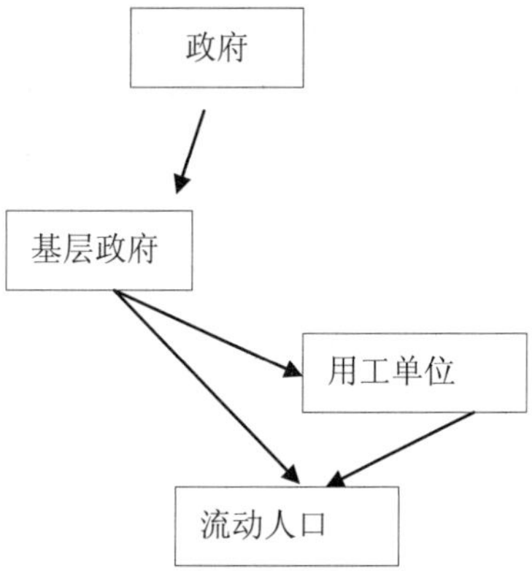

图7-1　属地化管理机构设置

从计划经济时期的严格限制流动人口的管理体制，到改革开放初期的防范式社会管理体制到当前的属地化社会管理体制。该体制变革的背后反映的趋势是政府对城市流动人口社会管理政策趋向宽松，城市流动人口对城市社会趋向接受与融合。[①]但是，不可避免的是该体制在理念和操作两个层次上也存在缺陷与不足：

一是制度理念不全面。制度理念决定了制度的操作和执行，在这里主要指制度的整体目标和与其配合的子目标。从总体上来说，现阶段的流动人口监控管理制度受二元社会结构的制度影响，主要呈现出“重管理轻服务”的特征，这使得整体制度目标单一化与片面化。

治安管理为主。以往对流动人口的管理目标就是治安管理，无论是暂住证还是收容遣送，都服务于这个简单且机械的城市治安目标。然而，正如前所述，流动人口犯罪率的升高受多方面因素的影响，其中二元体制的挤压是制度层面最关键的因素。除此之外，根据北京市公安部门的统计，流动人口犯罪比率不到1%，为了防范这

①周敏凯：《新时期我国政府社会管理若干问题理论思考》，《学习与探索》，2006年第5期。

不到1%的人而对流动人口，特别是城乡流动人口进行政策性的管制，这样的做法并不明智也不高效。而过于强调对流动人口的行政管制，不仅会造成改革城市建设和管理体制的主观障碍，而且在客观上对流动人口也有失公正。

总量控制为导向。流动人口的发展是历史性的进步，如果视人口流动为洪水猛兽，在管理上沿用“堵”、“卡”、“赶”，以总量控制为导向的单纯行政办法，显然是难以为继的。而放任自流，也将严重影响城市的健康发展。正如第一部分对人口流动机制的阐述，人口流动并非杂乱无章、无规律可循，其中蕴涵了一定的逻辑。“堵”、“卡”、“赶”非但没有限制住大量的流动人口，反而提高了行政任务，增大了行政成本，与此同时，城市行政部门的举动会激起部分流动人口的不良情绪，为城市的安全和稳定埋下隐患。

二是制度操作不完善。制度操作主要从制度执行的方式和效果上来加以考虑，其中一个最大的不足就是各部门、条条与块块之间的统筹与配合欠佳。流动人口管理涉及公安、工商、劳动、税务、城建、民政以及计划生育等职能部门，而各部门对管理的侧重点和工作的内容也不一样。在相互协调的过程中，经常容易出现职能划分不清、相互推卸责任的情况，影响了整体工作的运行和推进。纵向的条条管理很重要，横向的综合管理也不可或缺，而目前条条与块块之间的相互配合有待提高。流动人口管理是一项关系到全面综合管理的社会问题，又是一项非常复杂的社会系统工程。

完整的流动人口管理机构，应该是立体的、多层次的网络系统。应建立政府牵头、公安和劳动部门为主，各方参与、综合管理的制度。针对以上提出的不足，笔者将对策总结为以下三点：

一是合理引导为导向。运用行政性的手段来限制人口规模的增长已经难以应对当代中国人口流动规模大、增长数度快的现状。因此，问题的关键不再是限制人口的数量，而是加强引导，做到流而不控，分而不堵。主要的方式包括：增大城市容量，加强基础设施建设，通过城市规划引导流动人口空间上的合理分布；促进产业结构的调整，以资金密集型替代劳动密集型，适当提高“行业/企业门槛”；发挥经济杠杆作用，提高城市生活水平，适当调节劳动力的比例。

二是科学化、信息化管理为目标。科学管理可以提高管理的成效，降低管理的成本。目前，对流动人口的管理现状是分立并行、多头管理。这样导致的结果是部门与部门、系统与系统之间的隔阂加深。最可行的办法就是政府设立外来人口管理部门，统一协调各职能部门的管理工作；将更多的管理权下放到街、乡以下，做到权责统一，处理好条与块的关系。除此之外，要大力提倡信息化管理的模式。对于流动人口管理问题，应该以房管人还是以证管人，以前有很多争论。从目前各地推行的政策趋势来看，侧重于收集相关信息，建立大情报信息系统，提倡以信息化来管人，从而达到建立在信息管理基础之上的合理调配。

三是综合管理为手段。对外来人口不再实行以治安为主的管理模式，而是扩大管理的内涵和深度，如管理的外延应该延伸到住房、就业、劳动和社会保障、权益维护、子女就学、精神和文化生活建设等方面。与之相对应的管理部门应该更加统一地进行协调，而不应把职能过于分散开来。

（二）社区参与式的流动人口管理

以上是从制度的角度对流动人口监控管理制度提出建议，然而，需要进一步明确的是流动人口的融入不仅是制度层面，还应该包括社会层面。蔡禾指出农民工通过市场能力来获得自己在城市中职业身份的改变，通过感受到的制度压力来认识目前所处的外部空间环境，并逐步构建与城市居民之间的社会网络。[①]其中社会性的作用很重要，关系到农民工能否实现身份认同上从“农民”到“不是农民”、空间认同上从“不属于城市”到“属于城市”的双重转变。因此，在讨论城乡流动人口如何融入城市生活的问题时，我们必须关注到他们在城市社区生活中的社会交往状况。拓宽社区性的融入渠道和方式，可能是帮助流动人口真正转变身份认同的关键所在，也是流动人口管理在理念和方法方面可能的创新点。

社区是流动人口与城市居民共同生活的空间，流动人口能否融入城市社会，取决于他们能否与城市居民结合成同一个社区共同体。因此，社区成为流动人口融入城市的关键渠道，甚至可以说是最有效的渠道。从世界各国的经验来看，在帮助流动人口解决城市适应过程中遇到的就业、居住、子女教育以及文化和心理等方面的问题，以及帮助他们实现市民化的转化，社区都起着至关重要的作用。而目前城市社区拒绝接纳流动人口，主要是由于政府的政策导向，并非源于社区的功能。

1. 上海三林模式

目前，在上海浦东三林地区实行的流动人口管理新模式值得作为一个案例来研习。三林镇位于浦东西部城郊接合处，是上海重要的人口导入区。全镇面积34.9平方公里，常住人口36万人，流动人口与户籍人口比例为2.5:1，是浦东乃至全市流动人口数量最多、密集度最高的一个镇。

让流动人口稳定下来，让他们的心不再“流浪”，是该地区创新社会管理的特色之一。三林镇政府积极探索，发展出一套由“被

①蔡禾、曹志刚：《农民工的城市认同及其影响因素——来自珠三角的实证分析》，《中山大学学报（社会科学版）》，2009年第1期。

动应付”转向“主动服务”的运行理念，并引入社会专业组织参与到社会管理服务中。其新市民生活馆，就是这样一个专为流动人口提供自助和互助服务的公共平台，被外来人员亲切地称为“新上海人的家”。三林镇政府是如何实现其富有特色的管理？

首先，坚持自助和互助的运作理念。流动人员愿意积极参与社会管理，关键在于制造一种主人翁意识。在新市民生活馆，流动人员既是服务对象，同时又是提供服务的工作者。比如，通过“同伴教育及交流技巧”培训，流动妇女与同乡分享计生政策、孕产期保健、科学育儿等知识。从“被人服务”走向“服务别人”，流动人口通过公共平台的组织，逐渐找到“主人”的感觉。目前，新市民生活馆已组建了一支由33名外来妇女组成的社区志愿者宣传员队伍、一支社区志愿者健康导师队伍、一支800多名社会公益人士参与的志愿者队伍。有关三林镇文明、治安指数测评中，新市民生活馆所在的归泾地区要好于其他同类型地区。一份调查显示，由于归泾村建有老年人活动中心和新市民生活馆，归泾村的流动人口“经常参加”和“偶尔参加”社区活动的流动人口占到了70%以上，而其他村的比例还不到20%。同时，归泾村居民社区安全感也高于其他村，2009年该村报警170次，2010年报警只有110次。

其次，社区自治的管理理念。“镇管村”模式的时代已经过去了，目前三林镇政府正在推行局部覆盖、分类管理的“镇管社区”模式。三林镇在已经城市化的世博家园、永泰、杨思、三林地区组建起4个社区管理中心。按照社区公治、社区共治和居民自治的理念，在社区层面建立起“三委”的管理核心：社区党委管理党建工作；社区管理委员会接受镇政府各职能部门指导，指导基层完成镇政府交办的各项工作；世博家园今年还建立了由社区代表组成的社区委员会，发动社区居民、驻区单位和民间组织参与社区事务，定期进行议事、协商与监督。社区中心集事务办理、文化服务、关爱服务三大功能，打造多功能的社区服务平台，为社区居民提供“15分钟公共服务圈”。目前，三林世博家园市民中心内已开设了70多项便民服务和文体活动项目，解决了居民办事难、办事远的问题。

三林镇流动人口管理的成功之处在于，当地政府充分考虑了流动人口管理的社会性与社区性。换句话说，就是将流动人口纳入到当地社区，而不是区隔于社区之外。它所创建的老年人活动中心和新市民生活馆，都旨在为流动人口创造社交空间，增加流动人口与当地人的互动频率，是流动人口融入社区理念的再现。与此同时，更为重要的是三林镇在社区层面建立起“三委”的管理核心以及社区委员会，这不仅为流动人口提供参与社区建设的途径，还将这些途径制度化，赋予其表达意见的权利。

2. “社区参与式管理”模式

在学界学者也提出了与三林模式相似的理论模式，即流动人口“社区参与式管理”①模式。该模式的核心内容是：社区作为管理的主体、管理与服务挂钩的激励机制、注重参与的多元治理以及促进融合的政策体系。将社区化管理与服务相结合，拓宽外来人口的社区参与渠道，以期更好地促进外来人口的社会融合与市民化。

该模式将外来人口的管理社区化、管理与服务机制化以及参与多元化相结合，这样一来不仅可以减少由于条块分割、部门间缺乏合作导致的效率低下问题，而且该模式将管理权限下放到社区，整合社区资源。该模式将身份的融合、“利益共生体”理念以及社会包容性很好地结合在一起。一方面可以提高外来人口公共服务的可行性；另一方面，通过创造安定、良好的生活与工作环境，培养社区认同感和归属感。

无论是三林模式还是学界提出的流动人口“社区参与式管理”

①罗黎：《基于社区参与的外来人口管理模式研究》。

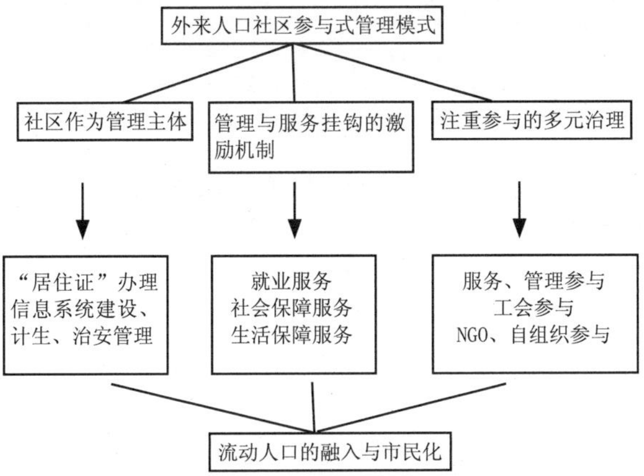

图7-2　流动人口“社区参与式管理”模式

创新模式，其核心落脚点还是回归到管理理念的转变，即从制度性转向社会性与社区性。如果说制度是硬的门槛，那么社区参与模式则是软的催化剂，它们共同建构的是一个平等、和谐、融入的流动体制。制度是一个框架，它至少保证了流动人口的身份合法性，给他们一个公平的认同基础，而社区参与模式的最大创新点在于，它从流动人口赖以生活的公共空间入手，通过社区管理与服务把流动人口的生活轨迹拉入社区层面，为他们提供教育、医疗、卫生、培训等服务，让他们感受到自己在社区的参与感，从而对社区乃至所在的城市形成认同，在此基础上加强对其的管理，可谓把被行政化分割了的管理与服务理念重新结合，并赋予了更加立体和丰富的内涵。

社会管理十讲

第八讲

网络民意表达与采集管理机制

>>

近年来，网民“从政”、网络“问政”、官员“触网”现象频发。中国网络民意表达与采集的时代已经到来。一方面，网络民意具有建设“公共领域”、充当“社会安全阀”、释放“决策气球”、推开“政策窗口”等积极作用；另一方面，我国网络民意表达尚存“数字鸿沟”、“匿名制服效应”、“群体迷思”等隐患，会引发网络谣言、网络诽谤、人肉搜索等现实问题乃至网络暴力。面对新现象、新挑战，我们要勇于突破习惯束缚，善于创新，使网络民意趋利避害，成为拓宽社情民意表达渠道的利器。

从正式的政治制度层面看，我国民意表达与采集机制主要由人民代表大会制度、政治协商会议制度、中国共产党代表大会制度、信访制度、行政听证会制度以及行政领导接待制度等正式制度组成。此外，传统媒体也是民意表达的一种渠道。尽管国家高度重视民意表达与采集，但现实是我国仍普遍存在传统民意表达渠道不畅、表达不充分、表达低效、制度外表达等问题。2011年3月5日，国务院总理温家宝在十一届全国人大四次会议上所作的《政府工作报告》中指出：要“拓宽社情民意表达渠道”。[①]这就要求除了继续完善相关政治制度，还应积极发展社会层面的民意表达与采集渠道。

以互联网为依托的网络社会打破了人际交往的时空、语言文化限制，形成了虚拟的、跨时空、跨语言文化的全新社会空间。与现

①参见温家宝在十一届全国人大四次会议上的《政府工作报告》第六点——加强社会建设和保障改善民生部分。

实社会相比，网络社会可以更快速、广泛地对海量信息进行聚合与散播，成为我国拓宽社情民意表达渠道的有效且日益重要的途径。2008年6月，中国网民数跃居世界第一，[①]年底，中国网络普及率超过世界平均水平。[②]2011年4月，中国网民当选全球“最勤奋的”网民。[③]这些事实告诉我们，网络已成为我国公民行使知情权、参与权、表达权和监督权的重要渠道。然而我国网络民意也存在一些隐患，在鼓励人民群众积极参与社会管理的同时，也给社会管理提出了新的挑战。

一、我国进入网络民意表达与采集时代

“民意”对应于英文“Public Opinion（公众意见）”，有时又译为“舆论”。中外各界至今未对民意达成统一定义。但追溯到18世纪，法国社会学者卢梭在《社会契约论》中首次界定的“Public Opinion（公众意见）”则包括两部分：“公意”——全体社会契约成员的共同意志，“众意”——某些团体或某些个人共同的意志。民意的前提是每个公民都有自由表达其意见的意愿和能力。民意的核心内涵有三：第一，民意是来自民间或非政府机构的、个人或团体的、公开或非公开的意见；第二，民意所涉及的社会事物、事件和问题与民意提出者相关；第三，民意的表达方式具有多样性。[④]

“网络民意”就是“民意”的网络版，是一种依托于互联网

①中国互联网络信息中心：《第22次中国互联网络发展状况调查统计报告》，2008年。

②中国互联网络信息中心：《第23次中国互联网络发展状况调查统计报告》，2008年。

③中央电视台《新闻直播间》2011年4月14日播出一则消息：总部位于纽约的“世界经济论坛”于两天前发布的《2010—2011全球信息技术（IT）报告》显示，“就网民每日或每周在互联网上发言频度而言，中国网民在全球是‘最勤奋的’”。

④王来华、林竹、毕宏音.《对舆情、民意和舆论三概念异同的初步辨析》，《新视野》，2004年第5期。

技术、通过网络平台进行的民意表达与采集，反映了民众的意见愿望，具有“草根”的民众立场，从草根百姓的角度看就是一种民意表达，从政府管理者的角度看就是一种民意采集。网络民意属于未加整理的、可能夹杂着某些非理性表达的原生态民意。网络民意的核心价值是权利的诉求和维护，实质是权利的表达。[①]网络民意的存在发展有两个前提条件：其一是物理基础，要求互联网软硬件技术发展和普及到一定程度，使网民之间及时互动、信息共享成为可能。其二是社会基础，要求一个开放、民主的政治社会环境，使网络民意的自由表达取得合法性。

（一）我国网络民意存在发展的物理可能性

中国互联网无论从网民数量、网络普及率、上网时长还是微博客规模，都已达到相当的高度和广度，俨然构成一个相对现实社会而言的网络社会，或称虚拟社会（Virtual Society）、赛博社会（Cyber Society），成为一种迪尔凯姆意义上的显在的社会事实。

中国互联网的发展速度可以用“飞速”来形容。如图8-1所示，近十几年来我国网民数量和互联网普及率都在飞速增长。我国网民数量在1997年只有62万[②]，2003年就已跃居世界第一，至2010年12月已达4.57亿，占全球网民总数的23.2%[③]、亚洲网民总数的55.4%。我国互联网普及率目前已达34.3%，远高于世界平均水平（28.7%）[④]。

①张淑华：《网络民意表达的实质》，《青年记者》，2008年第2期。
②中国互联网络信息中心：《第1次中国互联网络发展状况统计报告》，1997年。
③资料来源：http://www.internetworldstats.com/stats.htm.
④中国互联网络信息中心：《第27次中国互联网络发展状况统计报告》，2011年。

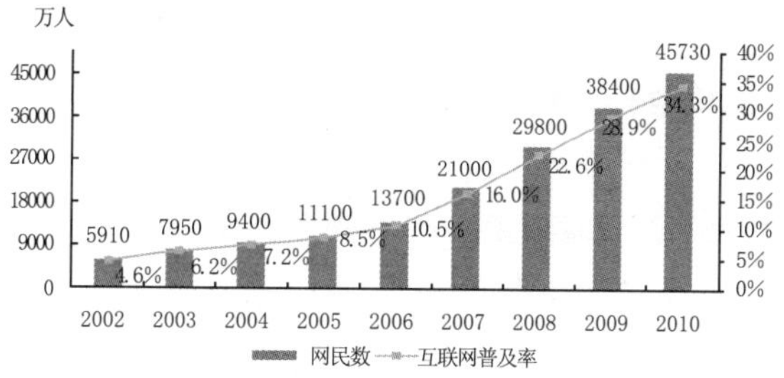

图8-1　2002—2010中国网民数和互联网普及率

资料来源：中国互联网络信息中心：《第27次中国互联网络发展状况统计报告》，2011年，第13页。

如图8-2所示，中国34个省级行政区都已覆盖了网络，其中北京互联网普及率全国最高，达69.4%，其后依次是上海（64.5%）和广东（55.3%）。总体来看，中西部互联网发展水平较全国来说相对滞后，即便如此，互联网普及率最低的云南、江西、贵州3个省份也超过或达到了20%。近年来中西部省份互联网正在快速增长，增速前四的省份为西藏、贵州、陕西和安徽，2010年其网民数量增幅分别达到52.7%、31.1%、30.2%和30.2%。

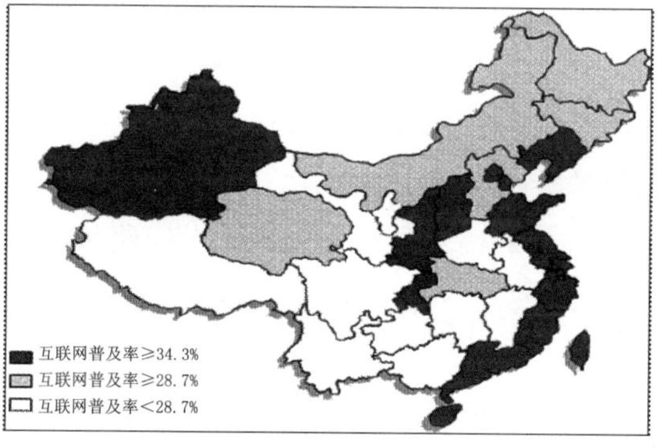

图8-2　2010年中国34个省级行政区网络普及率状况

资料来源：中国互联网络信息中心：《第27次中国互联网络发展状况统计报告》，2011年，第16页。

2005年10月1日试开通、2006年1月1日正式开通的“中华人民共和国中央人民政府门户网站”（简称“政府网”），串联起了从中央政府到34个省级行政区政府、再到各州市级政府、最后到达各县区部门的门户网站，标志着我国“网上政府”体系已全面建成。以广东省为例，截至2011年，广东21个地级以上市的“网上政府”平台已初具规模。

2010年被中国媒体称为“微博年”。截至2010年底，中国微博客用户达到6311万，占整体网民的13.8%[①]，网民平均每周上网18.3个小时，互联网已经成为网民的日常生活场所。

在软件技术方面，Web2.0技术的发展运用对网络民意表达与采集具有革命性意义。Web1.0技术只允许网民通过浏览器单向地采集信息，无法及时反馈意见。Web2.0技术让网民在浏览信息的同时也可以及时表达观点和意见。例如各种BBS论坛、网络时评、微博客、网络互动百科等信息交流平台都是基于Web2.0技术而诞生的。Web2.0技术“以开放个人为主体的意见表达机制、以开放动态互联网为技术平台的意见组织机制以及以自组织的弱联结为主要联结方式的意见传播机制，使得网络民意表达变得更加开放多元、成熟理性和集中有序”[②]。2006年亮相的Web3.0技术号称更智能、更兼容、更高效、编辑主体更多样化等，它是否会给人类社会生活带来又一次冲击？我们将拭目以待。

上述事实告诉我们，互联网已然为国人搭建起一个与现实社会平行存在的另一个社会——网络社会。网络生活已经成为中国人社会生活不可或缺的一部分。当前我们谈社会管理就不能忽视对网络社会的管理。从物理层面说，随着互联网软硬件技术的更新普及，

①中国互联网络信息中心：《第27次中国互联网络发展状况统计报告》，2011年。

②张燕：《Web2.0时代的网络民意表达》，《新闻界》，2009年第4期。

网络社会可以在时间和空间上以超出人们想象的速度和广度聚合与散播信息，可以极大地“拓宽社情民意的表达渠道”。

（二）我国网络民意存在发展的社会合法性

我国网络民意除了须具备前述的物理可能性之外，还须具备社会“合法性（legitimacy）”才能具有生命力。网络民意的合法性就是指其存在、发展获得社会普遍认可，从而获得合法的社会地位。

我国网络民意在国家治理的政治理念层面具有合法性。我国宪法第一条规定了我国的国体为“工人阶级领导的、以工农联盟为基础的人民民主专政的社会主义国家”。中国共产党是一个以“执政为民”作为治国理念的执政党。高度尊重民意是“人民民主专政”、“执政为民”的应有之义，亦是社会进步、政治文明的重要表现。网络民意表达有利于实现“话语民主”，网络有可能建设成为民主的“公共领域”，因此“自上而下”地赋予网络民意以合法性可以反过来“自下而上”地赋予我国政权以合法性。

我国网络民意在法律制度层面具有合法性。我国宪法第三十五条规定“公民有言论、出版、集会、结社、游行、示威的自由”。网络民意表达就是一种言论自由、话语民主的体现。

我国网络民意已获得公众普遍参与的民众认同，亦获得了最高领导层的认可。以下几个大事件从一个侧面揭示出通过网络表达意见已经获得相当规模的国人的认可和积极参与，使得网络民意成为一种显在的社会事实，进而引起了政府高层领导的重视和认可，正被逐步纳入政策决策环节。

中央最高领导屡次与网民互动、采集网络民意，标志着我国网络民意已经受到了中央最高领导层的重视与认可。2008年6月20日上午，中共中央总书记、国家主席、中央军委主席胡锦涛在人民网强国论坛同网友在线交流。2009年2月28日下午，中共中央政治局常委、国务院总理温家宝第一次来到中国政府网，与网友在线交流。2010年2月27日，温家宝总理再次来到中国政府网与全球网民互动，并发出“我要带着真心、真意、真情来同网友们交流”的话语。2011年2月27日上午，温家宝总理第三次来到中国政府网与全球网民互动。

近年来网民“从政”、网络“问政”、官员“触网”现象屡屡发生，标志着我国网络民意正被逐步纳入政策决策环节。2008年12月30日，河南省洛阳市成立了全国首个“网络发展促进会”，在该促进会的推荐下，2009年2月，洛阳4位“知名网友”中的1名当选洛阳市人大代表，3名当选洛阳市政协委员，开网民“从政”之先河。2009年2月19日，云南省委宣传部邀请网民代表成立网民调查团参与“躲猫猫”事件调查，开全国网民“问政”之先河。2009年11月21日，曾开创性地组织“网民调查委员会”对“躲猫猫”事件进行调查的云南省委宣传部副部长伍皓成为国内首位实名开微博的厅级官员，希望搭起“官民沟通的新路”。综合地看，地方政府网络问政的“广东模式”被公认为是全国最好的品牌：[①]2008年广东省汪洋书记和黄华华省长通过南方报业旗下的“奥一网”发布了《致广东网民朋友的一封信》，邀请大伙“灌水”、“拍砖”，之后网络问政的“广东模式”开始备受社会各界关注；同年，惠州市委书记黄业斌开始批示网帖，之后惠州开始了每月一次党政领导与网友在线交流及在市政府门户网站推出“惠民在线—网络问政”平台的“惠州模式”；同年底，河源市委书记陈建华开设了网络“华哥”信箱，之后从个人信箱发展成“公仆”集体信箱，从在线交流发展到网上受理、办理、查询、回复、督办、统计“六位一体”的信访信息系

①陈枫：《人民网地方舆情应对能力报告授权本报独家发布：网络问政广东做得最好》，《南方日报》，2010年。

统，从市一级信访平台发展到市、县、镇三级网络信访平台，形成备受各界推崇的“河源模式”；2009年10月16日，广州市财政局把从市委办公厅到食品安全检验所的全市114个职能部门的预算全部贴到了政府网站上，成为国内在网络上“晒”政府“账本”的破冰之举……今天，网络问政的“广东模式”已经受到社会各界的高度认可，它更好、更完善的明天更加值得拭目以待。

可见，网络我国网络民意的存在发展已经具备了物理条件上的可能性，并且普遍获得了社会各层面的合法性认同。网络已成为我国民意表达与采集的重要渠道。今后我们再讨论中国的网络民意时，焦点不应再停留于它是否存在、能否立足的问题，而应讨论如何使它更好地趋利避害、发挥优势的问题。

二、网络民意推动现实社会民主化进程

目前我国网络民意主要通过政府行政网站、网络社区论坛、网络时评论坛、网络博客、微博客、QQ群、网络民调等渠道进行表达。和传统民意相比，网络民意具有鲜明的特点，积极推动着现实社会的民主化进程。

（一）网络民意与传统相比的特点

低成本、低门槛，增加参与主体的平等性。一方面，在网络上发言较之通过现实社会中正式制度发言简化了中间环节，可以节省时间、精力、财力等成本。另一方面，和现实社会中正式的民意表达制度相比，网络民意表达的门槛极低。低成本、低门槛使得无论是6岁小童还是60多岁的老人、大学教授还是小学肄业、高级白领还是地道农民，只要面对一台连接互联网络的电脑就可以有平等的机会表达自己的意见，极大地拓宽了民意表达渠道，增加了参与主体

的平等性。

匿名性使得网络民意具有原生态性。尽管有人提出网络也应该实名制，但是当前来看，我国网络更多处于一种匿名状态，这对民意表达有利有弊。一方面匿名性有利于人们直接、开放、无后顾之忧而真诚地表达自己的意见。另一方面，匿名性会造成下一节将要提及的“匿名制服”效应，使表达主体去个性化、去责任化从而可能产生一些非理性的甚至虚假的民意表达。因而匿名性表达使得网络民意成为一种未加整理提炼的、质量参差不齐的原生态民意。

表达主体及时互动、海量信息以光速聚合与散播。Web2.0技术允许天南海北的网民在第一时间对同一件事发表自己的意见，各表达主体间的互动信息是以光速在传播，实现了海量信息的瞬间聚合与散播。例如，2004年网民对于是否应该延迟我国退休年龄的大讨论，在9天之内就汇集了海量民意，为劳动与社会保障部进行新政决策提供了民意基础。

议题内容丰富。除了“自上而下”的政府网站释放“决策气球”引起民众讨论、网络社区论坛就百姓关心的议题开坛论道外，草根网民也可以通过个人博客、微博客“自下而上”地就自己关心的议题发起原初性的讨论，这些讨论如果涉及了普遍的民生问题常常能产生链式反应引起网络大讨论，滚雪球般地引出更多、更深入的相关话题，最终形成一定规模和深意的网络民意。因此网络民意比起传统民意表达，其议题会更丰富。

（二）网络民意对现实社会的积极作用

1. 建设“公共领域”

新马克思主义代表人物、德国社会学家尤尔根·哈贝马斯（Jürgen Habermas）认为，在现代（资本主义）社会，政治领域（以权力为媒介）和经济领域（以金钱为媒介）已全面入侵社会文化领域（以语言为媒介），“生活世界（被）殖民化”了。对此哈贝马斯给出的解决办法是：通过营造 “理想的言语情境”、发展民主的“公共领域”来抵御政治、经济领域对社会文化领域的入侵。“理想的言语情境”指话语的潜在参与者有同等的权力参与讨论，可以随时发表任何意见或对任何意见表示反对，可以提出质疑或反驳质疑；所有话语参与者都有同等的权力做出解释、主张、建议和论证并对支持、质疑或反对话语的有效性，任何论证和批评都不应遭到压制；话语活动的参与者有同等的表达话语的权力，即表达他们的好恶、情感和愿望；每一个话语参与者有同等权力实施调节性话语行为。[①]而“公共领域”指一种“不受政府干预的、社会成员自由批判、商讨公共事务、参与政治活动的公共交往场所”[②]。

尽管我国宪法规定了公民有言论自由，但实际上我国底层民众缺乏结构位置优势，没有足够的能力通过正式制度顺畅地表达意见。“我国在正式制度层面的权利处于低水平均衡状况”，“不同群体的结构位置、社会影响力以及所拥有的机会结构是不同的，因而他们为自己争取利益的能力和事实上的权利也是不同的”[③]。然而，现阶段在现实社会中这些既存的、难以突破的结构障却有望在网络社会中得以突破。网络民意表达的低成本、低门槛、表达主体的平等性、原生态性等特点使人们在它身上看到了构建“理想的言语情境”的希望。在我国，互联网络正在成为远离决策中心的基层民众参政议政、表达自身利益诉求的便捷、安全且日益重要的渠道，网络社会有望成为哈贝马斯口中的“公共领域”，加速我国民

①〔英〕霍尔斯特：《哈贝马斯传》，章国锋译，北京：东方出版中心，2000年版，第80页。

②王兆良：《哈贝马斯的“公共领域”概念》，《安徽农业大学学报（社会科学版）》，2002年第6期。

③孙立平：《失衡——断裂社会的运作逻辑》，北京：社会科学文献出版社，2004年版，第40、41页。

主化进程。

2．充当“社会安全阀”

社会学家科塞认为，无论古代社会还是现代社会在运转过程中都会产生针对社会系统的敌对情绪，当这种敌对情绪超过系统的耐受力时就会导致冲突。如果敌对情绪通过“安全阀”制度得以发泄，就可避免冲突。“安全阀”制度“就是在不毁坏结构的前提下使敌对情绪得以释放出来以维护社会整合的制度”。[①]在网络这一虚拟社会上民众可以相对自由地发泄自己的情绪、发表自己的意见，正好可以充当现实社会敌对情绪的替代目标，帮助释放社会系统内的敌对情绪，充当现实社会的“安全阀”。

3．释放“决策气球”

“决策气球”可理解为是“在政策问题已形成、有一定的政策诉求后，有关部门在考虑相关政策制定与否、该如何制定时尽可能广泛地听取民意的一种试探性方法”[②]。网络民意前述的低成本、低门槛、主体平等性、海量信息以光速聚合与散播等特性成为政府释放“决策气球”的绝好平台。最典型的案例是2004年9月我国劳动和社会保障部新闻发言人胡晓义向媒体发出国家正考虑是否出台延迟退休年龄的决策气球。当天新华网发展论坛就出现了330条回帖，主要是反对意见。随即全国各大网站相继对此议题展开讨论，使该政策得到社会各界的充分论辩，结果大多数人持否定态度。基于此，9天之后劳动和社会保障部部长郑斯林表示国家不会立即推行这一政策。

4．打开“政策窗口”

一个社会问题只有被提上政策议程才能得到政府重视成为政策

①蒋平、张玉福：《社会冲突论》，侯均生主编：《西方社会学理论教程》，天津：南开大学出版社，2005年版，第215页。

②孙旭培等：《新闻媒体与“决策气球”》，《新闻爱好者》，2005年第3期。

问题。网络民意的聚合与扩散效应可以有效推动社会问题向政策问题的演变，促成问题源流、政策源流和政治源流的耦合，从而打开一扇“政策窗口”。[①]我国网络民意打开政策窗口的典型事件是2003年孙志刚事件引起的网络大讨论，推动政府废除了《城市流浪人员乞讨收容遣送办法》”。2007年以来，网络民意推开政策窗口的事件更是频频发生，例如“河南商丘赵作海冤案”引发的对国家赔偿的关注、“福建南平血案”引发的对儿童生命权利的关注、“神木法官入股煤矿事件”引发的对法律正义的关注、“山西问题疫苗事件”引发的对少儿健康权的关注、湖南“天价芦笋片事件”引发的对医疗公平的关注，等等。

5．聚合与管理知识

在知识以爆炸的速度增长的年代，每个人能掌握的知识显得非常有限。但通过互联网络我们却可以将无数人头脑中有限的知识聚合成无限的知识库。例如世界著名的维基百科、中国的百度百科、民间科普网站科学松鼠会等都是获益于无数网民的知识贡献才形成今天的规模和影响力。可见当今世界已经从“信息时代”步入了“知识时代”。知识已经成为企业、社会的核心竞争力，在企业界，管理理念已经从对人的管理、对信息的管理进入到了知识管理（Knowledge Management）阶段。政府对社会进行管理，也不应仅仅停留在对人、对信息的管理上。采用了Web2.0技术的中国互联网络一个显著的特点是：可以以光速对海量信息进行聚合与散播。这从技术上极大地支持了政府聚合民众头脑中的知识、群策群力解决问题的实现。例如广州市政府从2010年12月23日至2011年1月5日举行的“一起来，话广州”的网络问政活动，就是通过网络汇集民意聚合知识、群策群力管理知识的良好尝试。此次活动共收到15条良策，

①刘祖华等：《网络民意在公共决策中的双面解读》，《云南行政学院学报》，2007年第6期。

包括“二十亿解堵天河中心区”、“关于广州市治堵问题的意见”、“向建筑文化要效益”、“从亚运会开幕式看广州市未来发展”等。[①]

三、网络民意表达隐患引发现实社会问题

我国网络民意表达的主流态势是积极向上的，但同时也存在一些不容忽视的问题，如果处理不好，有可能引发政治、社会风险。[②]当前我国网络民意主要存在四大类潜在问题：数字鸿沟造成的网民代表性问题，匿名制服效应导致的虚假性表达，群体迷思导致的群体极化问题，以及被操控引起的信任危机问题。这些问题可能单独表现也可能综合体现，当前我国已经显现出的、较典型的网络民意问题有：网络谣言、网络诽谤、人肉搜索。

（一）我国网络民意表达潜在的四大类问题

1. “数字鸿沟”造成网民代表性问题

数字鸿沟（digital divided）（又称为信息差距），最早由美国前副总统阿尔·戈尔于1996年在竞选时首次提出，[③]其基本含义就是以互联网为代表的新兴信息通讯技术在普及和应用方面的不平衡现象，不仅体现在国家之间，也体现在一个国家内部不同地区、不同人群之间。[④]我国网络民意表达的“数字鸿沟”主要表现为地区之间的“数字鸿沟”和不同人群之间的“数字鸿沟”。

如前所述，我国互联网覆盖率东部高于中西部，造成地区间的“数字鸿沟”。不过中西部地区正在快速地逐年递增，这一鸿

①资料来源：http://www.gd.chinanews.com/2011/2011-01-07/2/81773.shtml.

②姜胜洪：《透视我国网络民意表达的主流态势》，《红旗文稿》，2011年第3期。

③曹荣湘：《数字鸿沟引论：信息不平等与数字机遇》，《马克思主义与现实》，2001年第6期。

④胡鞍钢、周绍杰：《新的全球贫富差距:日益扩大的“数字鸿沟”》，《中国社会科学》，2002年第3期。

沟有望日渐消弭。人群之间的“数字鸿沟”体现如下：城市网民占主体，农村网民只占整体网民的27.3%，不过农村网民近年增速较快，2010年比2009年增长了16.9%；在性别比例上，网民男女比例为55.8:44.2，男性多于女性；在年龄结构上，6岁到60岁以上的网民总体中20—29岁网民最多，占总体网民的29.8%，40岁以下网民占到81.6%；在学历结构上，高中网民最多，占整体网民的35.7%，而高中及以下学历的网民占到76.8%；在职业构成上，学生网民最多，占整体网民的30.6%，其次是企业/公司一般职员网民和个体户/自由职业者网民，三者占整体网民的61.7%；在收入结构上，月收入500元以下的低收入网民最多，占整体网民的19.4%，其次为月收入2001—3000元和501—1000元的网民，月收入2000元及以下的网民占整体网民的66.7%。[①]概括起来说，我国网民在人员构成方面具有城市人口多于农村人口、男性多于女性、40岁以下居多、收入较低、学历较低、学生为主的特征。这样的网民结构表明，我国网民的确以草根百姓为主，但并不是所有草根百姓都有意愿、有能力成为网民，在网上表达自己的愿望和意见。“政府也不能光看网上的东西，不是说使网民高兴了就等于大家都高兴了。不能仅以网上的舆论来左右政府政策”。[②]当然，中国互联网络信息中心历年的统计报告显示，我国网民结构有日益优化的趋势，网络民意的代表性将会逐渐得以改善。

2. “匿名制服”效应造成虚假性表达问题

“匿名制服”效应来源于1973年美国心理学家菲利浦·津巴尔多（P.C. Zimberdo）的“模拟监狱”实验。[③]大意是当一个群体

①中国互联网络信息中心：《第27次中国互联网络发展状况统计报告》，2011年。

②袁峰、顾铮铮、孙珏：《网络社会的政府与政治》，北京：北京大学出版社，2006年版，第89页。

③Craig Haney、Curtis Banks、Philip Zimbardo：*Interpersonal Dynamics in a simulated Prison*，*International Journal of Criminology and Penology*，1973年第1期。

的所有成员都穿着同样的制服时，个人被湮没于匿名的群体之中，个体行动由此“去责任化”，有可能做出异于平常的、非理性的行为。网络空间匿名性有可能产生这种“匿名制服”效应，使个体进入“去责任化”状态，淡化个体的自我观察和自我评价，降低个体责任和个人对社会评价的关注，可能造成网络民意表达的虚假性。①

3. “群体迷思”效应造成“群体极化”问题

群体迷思（Groupthink）由美国心理学家欧文·詹尼斯在《群体迷思的受害者》一书中首次提出，②描述的是一种群体思考模式：当群体成员凝聚力很高时，群体成员倾向于让自己的观点与群体保持一致，而其他有争议、有创意甚至更客观合理的观点遭到忽视或压制，这可能会导致群体做出不合理甚至很糟糕的决策。在网络民意表达过程中，人们更可能被吸引到与自身意见一致的论坛，不断加深原有的观点，而不是把持不同意见的人召集到一块论辩，从而可能产生群体迷思。当群体迷思达到一定的规模就可能在网上形成不正确的却为大多数人所拥护的占优势的意见把持言论、不同意见拥护者“被代表”的情况，出现“群体极化”问题，即形成具有极端观念的团体。③因此政府管理者在引导和甄别民意信息时，应当少说多听，允许不同的意见乃至质疑的声音存在，鼓励更多的人发声，打通民众与管理者直接交流的渠道、减少意见转述的中间环节。

4. 操控网络民意引起信任危机问题

网络民意由于其发言主体的匿名性，有被人操控、利用的潜在危险，而这种操控一旦被网民识破就会引起网络社会的信任危机。

---

①王爱玲等：《网络民意的“匿名制服”效应及其有效调控》，《新闻界》，2008年第1期。

②Irving Janis：*Victims of Groupthink*，Boston：Houghton Mifflin，1972年版。

③〔美〕凯斯·R. 桑斯坦：《网络共和国：网络社会中的民主问题》，北京：北京大学出版社，2004年版。

例如被一些组织或明或暗地招聘、奖励的网评员被网友称为“五毛党”或“五毛”，意在讽刺他们每发一帖可得五毛钱奖励。这种现象值得政府部门警惕。尽管不少组织让自己的网评员潜入各网坛进行有计划、有意图地引导发言，维护组织利益的初衷可能是正面的或无害的，但它导致的后果可能是非常消极的，一旦被识破，可能引起网络社会的信任危机。例如2010年4月22日云南省委宣传部副部长伍皓在中国人民大学演讲时被人扔了满身五毛钞票的事件就是一种信号。伍皓本人在微博上的表达可能是真诚的，但随着身边五毛党逐渐被网友识破，原本真诚的表达也受到了质疑。网络社会信任危机发展的恶果直接表现为现在网络讨论中普遍存在的相互猜忌、语言暴力现象。

（二）我国网络民意表达的三大类现实问题

1. 网络谣言

谣言指在特定环境下、以公开或非公开渠道传播的、对公众感兴趣的事物、事件或问题的未经证实的阐述或诠释。①网络谣言就是利用网络为媒介进行传播的谣言，与传统谣言相比传播速度、广度、渗透度、影响力都大大增强。谣言产生的原因很多，学界公认最重要的两个原因是：事件的重要性和模糊性。尽管不是所有谣言都是虚假的、毫无价值的、消极的，但总的来说当前我国的网络谣言常常会影响公众心态、激发社会矛盾甚至引起群体性事件。

2008年贵州瓮安“6·28”打砸抢烧事件是一起典型的网络谣言引发的“网上—网下互动”的群体性事件。事件的导火索是现实社会中少女的不明缘由的跳河身亡，网上各大论坛上对少女死因的猜测产生的种种谣言对事态的恶化起到了推波助澜的作用。同时有关方面没

①巢乃鹏、黄娴：《网络传播中的“谣言”现象研究》，《情报理论与实践》，2004年第6期。

有及时披露权威消息，最终导致了现实社会中恶性事件的爆发。

2011年日本“3·11”大地震后中国内地谣传吃碘盐可以防辐射造成的“抢盐事件”则是一起典型的、披着技术外衣、无中生有的网络谣言引发的群体性事件。该事件表面上看是由于我国民众不够理性、易被煽动造成的。但深层原因还是因为该事件很重要，而民众缺乏权威信息使得事件具有模糊性，因而面对“披着技术外衣”、真假难辨的谣言大家宁可信其有，跟风抢盐成了不确定性条件下的一种相对理性的选择。

可见当前治理网络谣言除了教育民众提高素质外，更重要的是建立及时、透明、彻底、权威的信息披露制度。

2. 网络诽谤

“诽”指背地议论，“谤”指公开指责。捏造并散布某些事实损害他人人格、名誉，就有可能构成诽谤。在网络中进行前述行为就是网络诽谤。与传统诽谤相比，互联网络使得网络诽谤发布者更难被确定、传播更便捷、速度更快、散播更广，情节严重时会构成犯罪。从法院公布的案例看，在网络兴盛前因涉嫌诽谤罪而追究刑事责任的人只占总犯罪比例很小一部分。但是近年来因网络诽谤而提起公诉的案件层出不穷，例如“王帅帖案”、“曹县帖案”、“闫德利案”等。[①]然而对网络诽谤进行管制却面临着如何平衡公民言论自由和公民名誉权之间的冲突。

“闫德利案”是一桩典型的损害公民名誉权的网络诽谤案。2009年10月10日，一篇署名“闫德利”的博文《我的忏悔》声称为自己滥交、检查出艾滋病而后悔。12日，“闫德利”继续在博文中讲述自己被继父强暴、在北京当“小姐”的“经历”，并曝出279个“嫖客”电话号码，贴出“艳照”。一时间“闫德利”的博文和照

①李娜：《浅议“网络诽谤罪”》，中国政法大学刑法学专业硕士学位论文，2010年。

片被狂热转载，“艾滋女”和279名“嫖客”成为网友谩骂的焦点。18日，闫正式报案。21日，闫的前男友以诽谤罪被刑拘最终承认假冒名义发假博文的行为是为了报复闫跟他分手。[①]这一案件警示我们网络诽谤之影响可以如此恶劣，须严惩。

“曹县帖案”则是引起言论自由与公民名誉权之争论的典型案件。2009年2月，山东曹县青年段磊在天涯社区、新浪博客、百度贴吧发布了6封内容相同的帖“检举”曹县庄寨镇党委书记郭峰的贪污受贿等“罪行”，当事人报案。“公安机关于2月8日立案侦查，2月25日将段磊刑拘，4月4日执行逮捕。7月3日，曹县人民检察院以涉嫌诽谤罪对段磊提起公诉。7月17日，曹县人民法院开庭审理此案”[②]。然而，据《新京报》报道，段磊发布的6个帖子中有3帖未标注浏览量，另3帖加起来的浏览次数仅为79次，这是否真的构成了“严重影响社会秩序”的犯罪事实？7月18日，北京大学新闻与传播学院副教授胡泳在《南方都市报》上发表文章指出应支持言论自由、官员应当容忍的批评意见，并从诽谤罪构成要件等方面指出“不能再以诽谤罪限制网民发言”。《南方都市报》继续呼吁完善相关法规避免“文字狱”现象，防范“因言获罪”和“网言入罪”。7月24日，对段磊的立案公诉因证据不足撤案撤诉，被拘押150天的段磊被释放。[③]7月24日，曹县公安局、检察院、法院的主要负责同志向段磊家人公开赔礼道歉；25日，7名办案人员受到问责。公安机关解除了对“曹县帖案”另外两名涉案人员的监视居住和网上通缉，同时解除了对段磊所在公司办公室、财务室的查封。这一案件充分反映了“言论自由”与“网络诽谤”之间的张力，拷问着执政者的能力：如何拿捏分寸、把握尺度？

①董天策、刘姝玲：《“艾滋女”事件真相大白后的思索》，《新闻记者》，2010年第1期。
②黄冠：《“曹县帖案”：网上发帖青年获国家赔偿》，《新华每日电讯》，2009年。
③姜锦铭：《“曹县帖案”：何以又闻“网言入罪”》，《新华每日电讯》，2009年。

可见一方面网络诽谤确实存在，影响深远，甚至构成了犯罪，对受害人造成极大伤害；另一方面对网络诽谤进行监管时还要注意把握度，既不可听之任之，也不可草木皆兵。

3. 人肉搜索

当前我国的网络暴力主要由网络诽谤和人肉搜索构成。“人肉搜索”指综合利用现代信息科技及网民大规模参与等手段来搜寻和共享特定信息的网络活动。[①]它在我国起始于2001年的“陈自瑶”事件。[②]从此之后爆发了“铜须门”事件、“虐猫”事件、“陈易卖身救母”事件、“小雪玲救助”事件、“钱军打人”事件、“史上最牛小三”事件、“死亡博客”事件、“李刚门”事件，等等，人肉搜索事件层出不穷。在这些事件中，人肉搜索结果既有正面影响也有负面影响，是一柄双刃剑，在揪出藏匿于阴暗中的“真相”、对当事人进行道德审判的同时也严重侵害了当事人的隐私，可能破坏当事人的工作、学习和生活秩序，甚至造成其他严重后果。

人肉搜索上升为网络暴力、引起社会各界广泛讨论的典型事件是北京市民姜岩的“死亡博客”引发的对其丈夫王菲的人肉搜索。2007年10月22日，姜岩在其“北飞的候鸟”博客里写下第一篇死亡博客，透露了丈夫王菲的出轨及自己内心的煎熬、轻生的念头，之后又将博客锁死。2007年12月29日姜岩解开博客，并于48小时后跳楼身亡。群情激奋的网友以“告慰姜岩在天之灵”为名对王菲及王菲父母、哥哥、“小三”及其父母进行了人肉搜索，个别网友甚至到王菲家进行骚扰。2008年3月28日，王菲将人肉搜索发起人张乐奕以及大旗网、天涯网告上了法庭，结果张乐奕、大旗网被判侵权，

①杨孟尧：《网络社区“人肉搜索”初探》，《东南传播》，2008年第7期，第79—80页。

②2001年，有网民在猫扑网贴出一张美女照片，声称是自己的女朋友。但随后立刻有网友通过网络搜索发现并指出该美女是微软公司的女代言人陈自瑶，并公开了相关资料。从此这种通过互联网搜索找出并公布“真相”的行为被称为“人肉搜索”。

天涯社区不构成侵权，王菲获赔精神抚慰金8000元，法院向工业和信息化部发出司法建议：加强对网民言论的适时监管。由此人肉搜索引发了中国“网络暴力第一案”。

“人肉搜索”的起始带有一定的道德审判意味，可是“随着人们的滥用，越来越多无辜的人受尽了折磨，网上通缉已经超出了道德谴责的范畴”，“言论自由的边界就是他人的合法权利，发表言论的同时必须要承担其相应的责任，‘道德审判’必须止步于个人隐私，让位于公力救济”，应该将“人肉搜索”纳入法律监管范围①。也有学者指出从加强对网民的道德教育来规范网络行为。②对人肉搜索这个双面利器的使用和监管都要注意“度”的把握。

四、网络民意表达与采集管理思维与体制创新

网络民意对于中国来说是最近十几年才萌生的且飞速发展着的新事物。面对这一新现象、新问题，必须要突破原有知识体系、经验的惯性束缚，打破因循守旧的“毛毛虫效应”③，要在管理思维和管理体制上积极创新。互联网技术还在发生着日新月异的变化，网络社会亦会随之飞速发展，因此用一种发展的眼光、系统的视野不断对网络民意表达与采集进行管理创新显得极为重要。当前我们可以从以下几个方面加强对网络民意表达与采集的管理创新。

①《论人肉搜索引发的法律问题》，《华中师范大学研究生学报》，2009年第3期。

②叶雪美、李杰：《规范网络“人肉搜索”须加强道德教育》，《改革与开放》，2009年第9期。

③“毛毛虫效应”指人们固守习惯、先例不思创新的“跟随者”行为模式，来源于法国心理学家约翰·法伯著名的“毛毛虫实验”：把许多毛毛虫首尾相接围成圈放在一个花盆边缘，不远处放置着毛毛虫喜食的松叶。习惯于尾随同伴前行的毛毛虫们一直沿着花盆边缘绕圈，始终没有任何一只破除常规走出圆圈去吃松叶，最终全部饿死。

（一）管理思维创新

1. “疏胜于堵”，对网络民意积极疏导

民意如水，如果不及时疏导就势必形成悬在政府头上的“言（堰）塞湖”，一旦决堤后果堪忧。当前我国正式的民意表达渠道相对较少、通道不够畅通，有待进一步的设计完善。而互联网络在我国的飞速发展，使得网民群体终将成为公民主体，网络民意势必日益增多、增强，网络已经成为我国各级政府观察社情了解民意的一个日益重要的窗口。通过这扇窗可以了解到许多实实在在的民生问题。因此我国各级政府面对这样一个极具生命力、发展势不可当的民意表达决不能靠删帖、屏蔽、过滤，甚至对举报人打击报复或变相打击报复、堵塞表达通道来达到治理目的。相反，应该高度重视网络民意，广纳谏言，把功夫用在渠道疏通上。

2. “兼听则明、偏听则暗”，科学甄别信息

法国18世纪启蒙思想家孔多塞（Condorcet）1785年在他的著作《大多数决策概率分析的运用随笔》（Essay on the Application of Analysis to the Probability of Majority Decisions）中首次提出“孔多塞陪审团定理（Condorcet's Jury Theorem）”，可简单表述为：在每个人相互独立地做出决策的前提假设下，如果每个人做出正确决策的概率大于50%，那么参与决策的人越多，得到正确的集体决策的可能性越大，集思广益得到好的结果。反之，如果每个人做出正确决策的概率小于50%，那么参与决策的人越多，得到正确的集体决策的可能性越小，集思广益使情况变糟。[①]该定理绝不是告诉我们有时可以不理会民意、一意孤行，相反，它提醒管理者应该更加广泛地采集各方面信息，并对采集到

①Philip J. Boland: *Majority Systems and the Condorcet Jury Theorem*, *Journal of the Royal Statistical Society. Series D (The Statistician)*, 1989年第3期。

的信息进行科学甄别。具体来说就是管理者一要广泛听取各方意见，不可偏听盲从、迷信大多数；二要保持学习、时时更新知识信息库，提高自身综合素质和判断能力，同时也注意引导、培养网民的理性思考能力，提高其判断力；三是在采集民意时既要采集政府网站的民意也要采集草根网站的民意，既采集网络民意也采集网下民意。

3．系统统筹，关注现实与网络社会的互动

网络社会与现实社会不是相互独立存在的，而是有着千丝万缕的联系与互动。现实社会中的国家—社会关系不可避免地会映射到网络社会。当前网络社会的国家—社会关系中“社会”的力量正逐步强大，而“国家”处于相对弱势的地位。这在某种程度上也反映了现实社会中矛盾集聚、社会信任降低、政府网络执政力不足。① 因而网络社会的国家—社会关系的均衡治理既要从网络管理上找问题，更应该从改善现实中的国家—社会关系着手，标本兼治才能根治问题。

（二）管理体制创新

1．主要依靠及时、透明、彻底、权威的信息披露制度引导网络民意

网络上难免会充斥各种虚假信息，而网民面对海量信息往往无所适从、难辨真假。如果某一事件具有重要性和模糊性，同时又缺乏权威可信的信息源，那么极易被人有意无意地扭曲，造成虚假民意代替真实民意、情绪冲动代替理性表达，危害社会稳定。在互联网时代，网络传言与官方消息在赛跑，政府失语只会给传言让路，

①曾润喜等：《国家与社会关系视角下的网络社会治理》，《北京理工大学学报(社会科学版)》，2010年第5期。

导致事态进一步扩大，因此政府要做的不是不让别人说话，而是要自己“早说话、说实话、会说话”，建立及时、透明、彻底、权威的信息披露制度，充分发挥政府的主导作用，树立权威的信息源，第一时间对网络民意进行正确引导，这样就能使谣言及时地止于智者。

2．借助“意见领袖”的威信引导网络民意

除了政府开设门户网站，树立权威的信息源之外，民间一些有社会责任感的草根民众也聚在一起贡献知识，用科学真理击破谣言等虚假网络信息的“技术外衣”，例如前面提及的科学松鼠会已成为一定范围内的意见领袖。此外，每个网络社区论坛上也往往会产生一个或几个草根意见领袖。这些意见领袖依靠其草根的视角、独特的魅力已经在相当一部分民众心中树立起威信、获得民众信任。因此政府对于各路意见领袖要加以关注，注意与之沟通、交流，使其在民众中发挥积极作用。

3．建立健全网络民意预警机制

网络民意预警机制由三部分组成：信息汇集机制、信息分析决策机制和事件处理机制。首先，建立信息汇集机制。网络民意预警必须搭建在强大的网络民意采集系统上。只有尽可能多地了解和掌握网络民意才能对其做出分析、处理和预警。各级政府应该用开放的视野看待网络民意，放下架子、参与其中、与网民公开互动，“关注和体察他们唠叨话语中的时评民意、尖锐批评中的真知灼见，以及情绪化表达中的合理成分”。其次，建立信息决策机制。从信息采集平台上收集来的网络民意属于原生态的民意，还需要放到信息分析平台上进行素材分类、抽取关键词、数据挖掘等信息整理工作。最后，构建网络民意问题解决机制。包括建立协调疏导机制和危机干预机制。危机干预机制又包括制定应急预案、增强网络立法与网络道德、舆论权威积极引导、强化网络把关人和运用技术引导控制。[①]

4. 建立健全网络犯罪的法制监管体系

如前所述，网络社会亦会发生现实社会中的各种问题，例如谣言、诽谤、暴力行为，情节严重的也会构成犯罪。但是“纵观我国现行法律，除了颁布一些涉及某些网络侵权、网络犯罪问题的法律规定外，事实上并没有建立起一部系统、全面、行之有效的法律将网络犯罪纳入整体管辖”[②]。因此在进行网络民意疏通引导、采集管理、应急预警防患于未然的同时亦要加快建立针对网络犯罪特征的相关立法，逐渐完善对网络犯罪行为的法制监管。

①罗新阳：《网络民情特质与网络民情预警机制构建》，《广东行政学院学报》，2009年第1期。

②李娜：《浅议“网络诽谤罪”》，中国政法大学刑法学专业硕士学位论文，2010年。

第九讲

社会治安与社区管理机制

>>

社会治安综合治理是对社会矛盾的综合治理，是社会管理的重要内容，是解决我国治安问题的根本途径。随着中国改革开放的深入，中国社会治安管理体系经历了由“静态治安控制模式”向“动态治安控制模式”的转变，并形成了一些有效的社会治安管理体系。但在当前的转型期，许多新的社会问题凸显出来，给社会治安管理带来了新的挑战。要在培养和发展民间防范组织、建立农村特殊群体保护机制、开发和运用丰富的治安防治手段等方面进行管理创新。

社会治安管理体制是中国社会管理体制的重要组成部分，对维护社会稳定与国家的长治久安起着重要的作用。随着中国改革开放的深入，中国社会治安管理体系经历了由“静态治安控制模式”向“动态治安控制模式”的转变，并形成了一些有效的社会治安管理体系，如群防群治体制、社会治安综合治理体制和平安建设体制等①。然而随着中国社会的转型，城市化、工业化步伐的加快，经济结构、社会结构发生了重要的变化，社会矛盾也变得更加错综复杂，许多新的社会问题凸显出来，给社会治安管理带来了新的挑战。这就意味着党和政府在经济社会快速发展的今天，在中国社会治安管理问题上，需要寻求更多新的治理方式。

①丁开杰：《中国社会治安体制改革：迈向“多中心治理”》，《中共成都市委党校学报》，2009年第5期。

一、当前社会治安现状下的有效实践

（一）严厉打击各种违法犯罪活动

从20世纪80年代国家领导人提出对犯罪分子实施严打战略以来，严厉打击各种刑事犯罪，消除社会不稳定因素成为各级公安机关治安治理的重点。2006年2月，党中央决定在全国范围内开展“打黑除恶”专项斗争。“打黑除恶”成为了中央政法委和公安部门打击刑事犯罪的重要工作之一。截至2010年，各级公安机关成功打掉的涉黑组织有1300多个，铲除黑社会势力14590个，抓获犯罪嫌疑人9万多名，破获各类刑事案件11万余起①。

除了严厉打击黑社会性质组织之外，在深圳、广州等大城市，治安情况复杂的区域都曾先后成为当地公安机关严打整治的重点区域。比如，深圳市曾将治安状况复杂的宝安区、龙岗区、皇岗与罗湖口岸、华强北、东门老街与火车站等作为严打的重点区域，开展了包括“打黄扫非”、“路面两抢”与“春雷”等在内的一系列严打行动。又如，广州火车站长期以来一直是抢劫、盗窃、诈骗、非法拉客等违法犯罪行为的集中点，也曾一度成为广州治安治理的难点。广州市从2005年开始对火车站进行了综合治理，所采取的措施包括：扩大火车站附近区域的治理范围，加强跨部门间的治安联防合作，加强警力配备，创新“零容忍”的警务模式以及优化火车站的各类公共服务等。从2010年广州社情民意研究中心有关广州社会治安的调查结果来看，市民对社会治安的满意度呈逐年稳步上升趋势②。城市居民社会治安满意度与安全感的提高，说明了城市社会治安治

①新华网：《公安部：2010年始终保持严打高压态势，深化“打黑除恶”专项斗争》，http://news.xinhuanet.com/legal/2010-01/05/content_12759819.htm，2010年1月5日。

②广州社情民意研究中心：《广州社会治安状况公众评价最终调查报告（2010年）》，http://www.gzporc.com/NewsView.asp?id=140&ArticlePage=1，2011年5月1日。

理举措取得了一定的成效。

（二）外来人口与聚集地治安管理

随着中国城市化与工业化的发展，国内劳动力跨区域流动现象凸显。大量外来流动人口涌入城市，在补充当地劳动力市场、促进当地城市建设与经济发展的同时，也带来了一系列的社会问题。特别是伴随着人口流动，城市犯罪也呈现出新的特点，那就是外来人口犯罪在城市犯罪中的比重越来越大。根据中国新闻网的报道，北京市70%的犯罪是外来人口实施的，违法犯罪被侵害人中有70%是外地人口，上海有72%以上的犯罪为非本地户籍人口所为，杭州则突破了90%，深圳近10年来抓获的犯罪嫌疑人和被犯罪侵害的对象中，非深圳户籍的分别占到98%、95%以上[①]。就城市社会治安管理而言，外来人口聚集地往往是城市犯罪案件的高发地。比如，在深圳，以同乡为纽带所建立起来的聚居地就有643个，约200万人口。在这些外来人口的聚集地，群体性事件、暴力事件时有发生，赌博、嫖宿、卖淫、吸毒等犯罪活动频繁，给当地社会治安管理带来了很大的冲击。

面对外来人口的快速增长及其所带来的一系列社会治安问题，公安部于1985年颁布了《关于城镇暂住人口管理的暂行规定》。许多地方政府也制定了一系列加强外来人口管理的措施，比如，深圳是国内最早实行暂住证管理制度的地区。从20世纪80年代开始，深圳便陆续出台了包括《深圳经济特区暂住人员户口管理暂行规定》、《深圳经济特区私人出租房屋暂住户口暂行办法》、《深圳经济特区出租屋治安管理办法》、《深圳经济特区暂住人员户口管

①中国新闻网：《中国大城市人口严重超载，人口流动带来犯罪问题》，http://www.chinanews.com/gn/news/2010/02-23/2133483.shtml，2010年2月23日。

理条例》、《深圳经济特区出租屋管理若干规定》等在内的一系列法律法规，以便规范出租屋和外来人口管理。又如，广州市也于1990年颁布了《广州市暂住人口管理规定》，后又于2002年实施《广州市流动人员IC卡暂住证管理规定》。2002年的这一管理规定更加注重外来人口的合法权益，被一些学者视为是在外来人口管理问题上政府由控制型向主动服务型转变的一次尝试。然而，最体现政府治理理念变化的是2010年1月1日开始实施的《广东省流动人口服务管理条例》。根据这一条例，流动人口办理居住证，在广东将可以享受包括职业技能培训、公共就业、社会保障、计划生育、传染病防治等七大类公共服务和在居住地申领机动车驾驶证、办理机动车注册登记手续在内的四类公共服务。这一《条例》的出台，确立了在广东省实行居住登记和居住证制度，为新时期流动人口服务管理工作指明了方向，更加有利于流动人口获得居民待遇，实现“共享改革发展成果，促进和谐广东建设”的目的。

（三）预防与降低青少年犯罪

青少年犯罪问题也是社会治安管理中的又一重要问题。根据国家统计局、公安部和最高法院的一些统计数据，中国未成年犯罪占总体犯罪比例从1997年开始增长，在“十五”期间增长势头更加明显，其中2000年占6.52％，2001年占6.68％，2002年占7.13％，2003年占7.93％，2004年占9.17％。此外，青少年犯罪也呈现低龄化的态势，根据公安部门的统计，15岁以下未成年刑事作案成员占全部作案成员的比例也有上升的趋势[①]。尤其是近两年来，有关第二代外来人口未成年犯罪问题也开始引发各界的关注。一项来自北京市100名第二代外来人口未成年人犯罪状况的调查表明，这类未成

①鞠青：《中国青少年犯罪演进的定量分析》，《犯罪研究》，2007年第5期。

年犯罪人数增长很快，犯罪类型较为集中，盗窃罪、故意伤害罪、抢劫罪和性犯罪的比例较高。这类青少年往往来自空巢家庭，父母多忙于工作，无暇照顾子女的日常生活。他们中辍学者居多，辍学后闲散、打工或随亲属做个体经营者居多，绝大多数人有吸烟、酗酒、赌博、夜不归宿、沉迷网络等不良行为[①]。

为了有效地预防青少年犯罪，各地公安、教育、共青团、妇联等部门广泛地开展了多种形式、寓教于乐的普法活动，以提高青少年的法律意识和法制观念，减少青少年犯罪行为的发生。这些普法教育工作范围覆盖了企业、学校和社区等不同的社会部门。比如，在重庆开展的“唱读讲传”活动，透过唱红歌、读经典、讲故事、传箴言等活动向青年人传递正确的人生观、价值观，加强青年人的自我教育和道德修养。还有一些地方，比如广州、深圳等地，一些社区中的青少年活动中心，也组织开展形式多样的社会服务活动。这些社会服务活动，一方面提供了青少年社区参与的机会，提升青少年社区参与的能力，进而也增强他们对社区的归属感与社会责任感；另一方面也将青少年在学业之外的多余的精力引导到开展有正面意义的社会活动上，减少他们参与违法犯罪活动的机会。

（四）预防和调解各类矛盾纠纷

随着经济社会的发展，各类社会矛盾凸显出来，人民群众的利益诉求需要获得表达，其基本权益需要获得维护。预防和调解各类矛盾纠纷是各级政府部门工作的重点。其中公安、国家安全部门是排查调处工作的主力，各部门、各单位维稳信息员、治安信息员、人民调解员、出租屋管理员以及广大人民群众都是维稳信息网络的

①谭京生、赵德云、宋莹：《犯罪问题的调研及建议——对北京市100名外来人口第二代未成年人犯罪情况的调查》，《犯罪研究》，2009年第3期。

成员，他们在落实定期排查与专项排查工作，及时发现与调解矛盾纠纷上发挥了重要的作用。目前，各级地方政府部门通过网络、电话、报纸和电视等媒体开通群众投诉、咨询系统，积极畅通民意表达的渠道。从整体来看，在预防和调解矛盾纠纷问题上，基层社会的管理不容忽视。

近几年，一些地方政府不断创新社会管理方式，尝试在基层解决大量矛盾纠纷。比如，深圳大力创新信访工作模式，从体制上对信访工作格局进行重新分配，努力在基层解决、化解矛盾问题，“一格三员”模式和“一合三调”模式便是深圳基层社会治安综合治理的典范。其中“一格三员”，就是将辖区划分为若干个网格，每个网格配备一名管理员、一名协管员和一名督导员，将信访维稳、食品监督、社会治安、计划生育等工作作为工作重点，做到“网中有格、格中有员、员中有责”。而“一合三调”就是通过街道信访办与司法所合署办公，实现人民调解、司法调解、行政调解的有机结合，将信访工作网络延伸到了基层，把接访过程变成了法律宣传、法律咨询、法律援助的过程，以实现信访、司法互利双赢。这两种治理模式实际上都是通过综合化的运作，实现更加精细化的社会管理。这种方式打破了原有部门间条块分割的局面，加强部门间的协作意识，增强干部的凝聚力和工作能力，进而也提升社会治安综合治理的成效。

（五）农村社会治安管理

农村社会治安管理问题也是当前社会治安管理的重要内容。尽管从总体来看，农村社会治安形势基本稳定，但是随着经济社会的发展，一些影响和谐稳定的因素也在威胁农村社区的发展。在新的形势下，一些农村在社会治安管理上进行了新的尝试，比如珠海市斗门区网山村开创的“十户联保”的村民自治新机制。随着珠三角经济的快速发展，原本地处偏僻的网山村随着周边工厂企业的入驻，也面临诸多社会治安压力。2005年为了加强村内治安管理，杜绝小偷小摸行为，网山村开展了“十户联防”工作，也就是透过联防小组成员间的互相帮助，以保护家庭财产与人身安全。由于这一举措获得了较好的成效，2009年村委会将“十户联防”工作发展“十户联保”制度，即通过对农户分组，以十户为单位，将住房相邻的农户分成34个联保小组，选出了联保户长和维稳信息员，村民们还签订了联保协议书，联防小组成员之间平时互相帮忙看家护院，遇到危险困难时，其他住户应主动予以救助，由此形成了集群防群治、禁赌禁毒、普法宣传等多种社会管理功能于一体的综合治理模式。这一治理模式动员了村民的力量，为村民建立了互动的平台，提升了村民对社区的归属感与安全感。

二、转型期社会治安管理面对严峻考验

（一）刑事案件高发，新情况增多

刑事案件的发生率是评价某一时期社会治安状况的重要指标。近些年来，从整体来看，我国刑事犯罪虽然得到了有效遏制，但是仍处于一个高发阶段。根据公安部公布的统计数据，全国刑事犯罪大致可以划分为三个阶段。一是从新中国建立至20世纪70年代末的刑事案件低发期，这一期间刑事立案保持在每年50万起以下；二是20世纪80年代初至90年代末的刑事案件快速增长期，这一时期刑事立案从每年的50多万起激增到每年的300多万起；三是2000年以来刑事立案的高发期，从2001年以来，刑事案件数一直在高位运行，每年平均在450万起左右。图9-1反映了2001年至2007年全国刑事立案数据的分布。

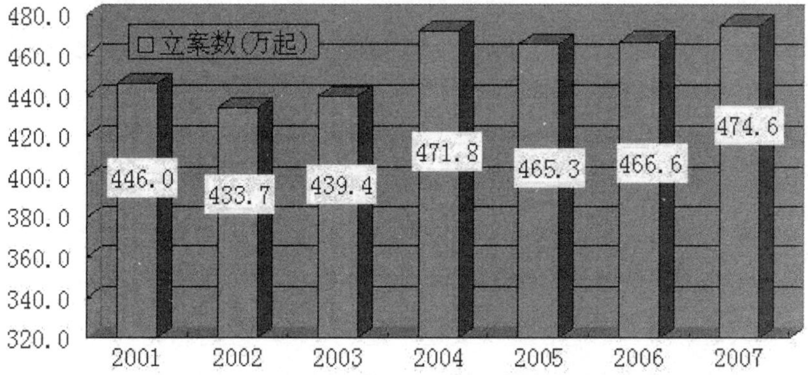

图9-1　2001—2007年公安部刑事立案数据统计分布图

资料来源：http://www.mps.gov.cn/n16/n944931/n947862/973725.html.

另外，从整体来看，随着市场经济的发展和社会结构的深刻变化，人口流动性增强，大量的自由人与社会人不断涌现。许多城市的城中村和同乡村成为当地社会治安治理的难点区域。这些外来人口的聚集地，常以父子、兄弟、老乡等关系为聚居的条件，因此很容易产生血缘性与地缘性的结伙作案，在一定程度上加剧了犯罪集团的形成。以深圳市宝安区为例，在该地区曾一度出现河南帮、四川帮、广西帮、湖南帮、贵州帮等团伙。除此之外，一些传统的恶性案件，如杀人、抢劫、伤害、强奸、放火、爆炸、劫持和绑架等依旧层出不穷，很难得到全面有效的控制。

新兴传媒、虚拟网络的发展也带来了新的网络犯罪问题，比如近年来网络淫秽色情案件的不断增加。此外，在经济犯罪领域，犯罪分子也不断创新作案手法，透过传销、集资诈骗、非法吸收公众存款、非法经营证券、非法套现等手段，非法敛取人民财产。根据广东省公安厅官方网站发布的最新消息，2011年上半年来，深圳警方经侦部门共捣毁涉众型经济犯罪窝点80个，其中非法集资窝点18

个，非法传销窝点38个，非法经营证券窝点24个，刑拘犯罪嫌疑人737人，涉案金额5亿多元，涉及受害群众高达数万人[①]。诸如此类的犯罪活动极大地影响了人民群众的安全感，使得原有立法和技术管理手段面临新的挑战。

（二）农村社会治安形势严峻，各种社会矛盾凸显

当前，尽管在一些农村社区不乏社会管理的创新举措，但是从整体来看，全国农村社会治安还是处于一个严峻的态势下。随着改革开放的不断深入，国家经济社会的发展，农村利益格局也在发生着剧烈的变化，农村社会的各种矛盾也日益凸显。

首先是在农村开发建设过程中，在一些涉及农民切身利益的问题上，如拆迁征地、基础设施建设与生态环境问题等，农民与地方政府的冲突与矛盾不断。比如在广东省佛山市顺德区容桂街，农村的土地在没有批文的情况下被非法征收，在村民不断上访、媒体反复曝光的情况下，地方政府依然我行我素，甚至变本加厉扩大征收范围。在这一过程中，地方政府与民争利，村民的利益是被漠视的。在现今中国农村，此类事件时有发生，在农民的利益与诉求没法得到有效的表达与公平对待的情况下，农民群体性的对抗行为必然会出现。这种对抗性行为常从对话协商开始，最后转向暴力抗争。比如，2010年11月云南昭阳地区村民因不满征地补偿而与当地民警和施工工人发生了严重的暴力冲突。

其次是宗族势力不断发展，并干预农村基层民主建设，成为影响农村社会治安的隐患。在一些农村地区，宗派势力在一定程度上成为破坏农村基础民主建设的推手。特别是在涉及诸如土地征用、

①广东省公安厅官方网站：《深圳警方今年以来端掉80个涉众型经济犯罪窝点》，http://www.gdga.gov.cn/jwzx/gdjx/szsj/201105/t20110525_526642.html，2011年5月26日。

房屋拆迁、农村贫困户救助等农村社会发展与农民社会福利分配等问题上，这些宗派势力之间往往不择手段，试图成为村民利益的代表，为自己牟取利益。

再次是留守弱势群体人身安全问题和返乡农民工违法犯罪问题也日益凸显。随着农村劳动力向城市的流动，有两类农村人口也逐渐成为农村社会治安需要关注的群体。一是留守于农村的大量老人、未成年人与妇女，他们是农村的弱势群体。这类群体常面临家庭经济困难、情感缺失等困扰，他们的自我防范能力较弱，容易成为犯罪分子的目标。在农村，强奸、拐卖妇女儿童的犯罪事件时有发生。比如，2010年12月安徽省阜阳中级法院对戴庆成判处死刑。这一农民在近17年时间里，强奸了116名留守妇女，其中38人未遂，并对她们实施了抢劫。这类违法犯罪行为对农村留守妇孺留下了极大的心理创伤与不安全感。二是返乡农民工违法犯罪问题也不容忽视。受全球性金融危机、城市就业危机等各种因素影响，一些农民工从经济发达地区返回到了乡村。他们中的一些人也因经济困境等问题，滋生盗窃、抢劫、寻衅滋事等违法犯罪行为。

最后，农村伤害性案件与恶性刑事犯罪也是不容忽视的。尽管缺乏全国性的统计数据说明，但是从各地方公安部的工作报告中可以看到农村各类伤害性案件也处于高发阶段。其中此类犯罪的犯罪主体多为男性，文化程度偏低。犯罪案件大多由邻里纠纷、家庭矛盾、生活琐事、土地纠纷、经济利益、言语不慎等引发，由于农村基层组织涣散，这些矛盾纠纷不能被及时发现与处理，而纠纷双方又不善运用法律手段妥善解决，常导致彼此矛盾激化，从而演变为刑事伤害案件。

（三）社区警力匮乏，防范方法单一

伴随着单位制的解体，中国社区人口日益复杂化，人口流动性

日益增强。社区人口结构与流动性的变化给基层社会治安管理带来诸多的挑战。其中在基层社会治安管理上最凸显的一个困难就是社区警力的匮乏。根据一些调查统计数据显示，目前全国有50000多个派出所，其中行政公安派出所有47000个，约有38万多名民警，派出所民警占总警力比例的28.9%，但派出所却承担了公安部门70%以上的工作量。除了警力匮乏之外，基层派出所也面临人才流失的问题，由于基层单位工作辛苦，待遇偏低，责任大，派出所往往留不住人才，除了有人员离职之外，一些工作能力强的民警往往被抽调到其他部门，这也影响了基层治安防范工作的稳定性与连续性。此外，基层社区治安防范手法也相对比较单一。许多公安机关还停留在传统的防范阶段，往往只重视巡逻和人口管理，对社区居民的宣传教育往往也只停留在宣传播报的层面，而发动社区居民开展邻里守望、调节纠纷等深入细致的工作难以做到位。

另外，在许多城市新兴的商品房小区，社区治安的防范很大程度上依靠小区安保人员的管理。这些商品房小区的治安管理状况往往参差不齐。一些高端的商品房小区通常采取封闭式管理，对小区进出人员进行严格的登记管理，其治安管理效果相对良好。但是，从总体来看，绝大部分商品房小区难以做到严格的封闭式管理，特别是地处城市偏僻地段的小区，也难有民警巡逻管理，单靠小区安保人员，实难应对包括上门传销、入屋盗窃等在内的各式各样的治安犯罪。

（四）外来人口犯罪问题凸显

在当前社会治安管理中，外来人口的犯罪问题尤为凸显。来自全国各大城市的调查数据皆表明，外来流动人口的犯罪数量高于城市本地人口。以北京为例，从北京市公安局对流动人口中违法犯罪情况的统计可以看到，在已抓获的犯罪嫌疑人中，流动人口所占比例分别为：1996年为56%，2000年为58%，2005年为61%，10年间平均每年增长为0.5%。2005—2006两年间，昌平区检察院共批准逮捕外地犯罪嫌疑人1226件2049人，批准逮捕本地人口犯罪的案件445件708人。无论就参与犯罪的人数，还是刑事犯罪发生的件数来看，外来人口都远远高于本地人口犯罪[①]。又如以深圳市宝安区为例，该区在2004年初至2005年10月期间，共受理刑事案件6370件9108人，其中外来人口犯罪案件有6240件8862人，占全部刑事案件的97.96%。在流动人口犯罪案件中，20岁至35岁的青壮年往往是高危人群，其涉案人员的数量往往超过流动人口犯罪总体数量。比如，2005年北京市昌平区检察院受理提请逮捕18—35岁之间的犯罪嫌疑人494件778人，而2005年全年检察院共受理案件717件1120人，青壮年犯罪案件数约占全年犯罪案件数的68.9%，青壮年犯罪人数约占全年提请逮捕人数的69%[②]。外来人口犯罪分子行凶手段相对恶劣。由于他们常带有一种强烈的反社会倾向，在实施犯罪过程中往往不计后果，其犯罪目标往往也是随机的，可以为几十元而抢劫路人，也可以挟持他人做人质。此外，外来人口犯罪也具有季节性的特点，一般其犯罪高峰时间多为春节期间与夏收夏种之前。这两个时间段，由于要返乡，一些外来流动人口往往萌生非法敛财的念头。

外来流动人口犯罪是个体因素和环境因素相互作用的结果。在许多大城市，许多外来务工者往往属于弱势群体，由于人际关系和生活环境等各个方面的原因难以融入城市生活，他们对城市普遍缺乏认同感和归宿感。在就业无保障、收入不稳定、生活不安定的情

①陈守海、吴锋：《城市外来流动人口犯罪与防控对策——以北京市昌平区外来人口犯罪为例》，《消费导刊》，2008年第4期。
②陈守海、吴锋：《城市外来流动人口犯罪与防控对策——以北京市昌平区外来人口犯罪为例》，《消费导刊》，2008年第4期。

况下，为了生存，他们往往会铤而走险，实施侵财犯罪。另外，他们中的大部分人由于缺乏法律意识，极易受到不法行为的侵害，合法权益得不到有效保护，一旦自身权益受到侵害，很容易采取非理性的、行为激烈的维权方式，导致大量伤害案件的发生。此外，由于与流动人口密切相关的出租屋管理、旅店管理的不到位，业主和房东不按照公安机关和相关部门管理规定办事，导致出租屋和旅店成为社会管理的死角，也成为预谋犯罪、藏污纳垢的地方。

三、社会治安与社区管理机制的创新

（一）培养和发展民间防范组织参与社会治安防控工作

随着社会治安形势的日趋复杂，社会治安防控系统需要将专业化和社会化结合起来，也就是说要实现警察专业力量和社会民间力量的有机结合。在新的形势下，民间防范组织是治安防控网络体系中不可缺少的重要部分，民间防范力量也是社会治安防范组织的重要主体，具体来看它们包括了治安保卫委员会、机关与企事业单位内部的治安保卫组织、治安联防队、保安公司、辅助警察和志愿者等。

当前随着社会不稳定因素的增多，公安部门在满足公众对社会安全与个人安全需要上承担着越来越繁重的任务，而民警群体也长期处于超负荷状态，工作效能降低。在这种情况下，要有效维护个人人身安全与社会整体安全，有效预防、控制和打击各种犯罪行为与活动，除了加强警力之外，必须要依靠和发动民间群众的力量，发挥民间防范组织在社会治安防控上的积极作用。这些来自社会不同层面、不同领域的民间力量，将触角延伸到社会各个角落，有利于发现和掌握有关社会治安的信息，既可以为公安机关提供有价值的情报，有利于提高破案率，又可以动员、组织和整合群众力量维护社会治安秩序，从而提高工作效能，也降低防范成本，充分发挥群防群治的作用。

（二）建立农村特殊群体保护机制

针对农村留守弱势群体的问题，要建立农村特殊群体的保护机制。首先，要全面了解当地农村社区妇女、儿童和空巢老人的基本情况，对涉及留守儿童、留守妇女、空巢老人的犯罪案件，当地公安机关要优先接待、受理与侦办，确保快速有力地处理。其次，地方政府要协调妇联、共青团、民政、司法、教育以及社会工作服务等部门，在乡镇建立妇女儿童服务援助机构，为这些群体解决实际生活困难，为其生存与发展创造良好的环境。

（三）加大普法宣传力度，加强村民法律意识

要在农村社区普及法律知识，加大普法宣传力度。比如，可以考虑开办村民法制学校，邀请公安干警、律师及其他法律工作者或志愿者下乡开展普法宣传工作；邀请村干部、村妇女代表、治安工作积极分子定期参加普法培训，鼓励他们对村民开展宣传教育工作；在宣传教育中，要注重根据不同群体的文化与年龄结构特点，进行有针对性的法律和治安防范知识的教育，提高村民自我保护的意识；给村民发放警民联系卡，方便群众报警、求助，鼓励引导农民通过法律手段解决矛盾纠纷；要注重帮扶农村社区中的失足青少年、刑释人员与不务正业、游手好闲的村民，给予他们改过自新的时间和空间。

（四）加强政策投入力度，引导和鼓励农民开展新农村建设

近年来，农村社会治安中存在的问题，与国家针对农村的政策

有一定的关联。农村社区中的许多矛盾纠纷，与地方政府政策执行不力有关。特别是在土地政策上，要做到真正落实土地政策，政府征用农村用地，必须要广泛听取农民意见，广开民意表达的渠道，在政策制定过程中，要充分考虑农民的诉求与利益，在政策执行过程中，也要维护好、保护好农民的利益。只有建立有效的民意表达机制和民众参与制度，让农民的合理需求能够及时反映给政府，而政府特别是基层政府更需要乐于听取农民意见，勤于调查、乐于接访、善于解释、敢于监督、严于查处，严禁与民争利的事情发生，才能真正把因政策引发的一些新的矛盾和纠纷解决在基层，从而增强民众对政府的信心，提升政府在公共服务供给上的有效性。无论是中央政府还是地方政府，都应该研究和制定适宜的农村政策，减轻农民负担，鼓励农民参与到新农村的建设中来。

（五）开发和运用丰富的治安防治手段

随着社会的发展，治安防治管理所面临的社会环境和运行环境日益复杂化，不确定与不可控制因素增多。为了适应社会日益信息化与犯罪日趋智能化，需要运用现代化管理手段来构建治安防范管理系统，比如鼓励在社区中安装防盗报警设施、可视监控系统，通过提高防范技术的含金量来提升社区处理危机事件的能力。又如，街道和居委会可以通过大力开展各式各样的“创文”活动、普法教育以及其他社区服务活动来提升社区的精神文明建设水平。此类活动的开展，往往会提升社区居民的归属感以及整个社区的凝聚力，在一定程度上也起到了缓解社会矛盾、预防和遏制刑事犯罪发生的作用。

（六）加强出租屋的管控工作

各级街道与居委会要不断提高对出租屋的管理能力，致力解决外来人口集中地的无序管理问题。首先，要严格依照相关法律，全面实行租赁房屋合同登记备案制度，强化相关责任方，如用工单位、出租房主和经营业主的协管责任，对于其违反相关管理服务工作的行为要严格依法处罚。其次，加强对外来人口聚集地，如城中村、同乡村中出租屋的调查工作，街道与居委会相关工作人员要定期开展排查工作，积极预防和控制犯罪行为发生。再次，针对不同情况的外来人口，要进行分层管理。特别是针对流动人口中有违法犯罪前科或嫌疑以及具有现实或潜在社会危害性的人员，要进行严格管控；对于刑释解教人员，要加强帮教安置工作；对无合法职业与固定住所的外来人口也需要加强监控与管理。

（七）致力消除暂住人口与原住民的隔阂，促进城市共融

无论是城市原住民还是暂住人口，他们都对当地经济社会的发展做出巨大的贡献。政府要积极引导社会各界搭建沟通平台，鼓励开展各种增进城市共融的服务活动，促进本地原住民与暂住人口的交流，增进彼此间的沟通与包容，消除彼此间的对立心理与隔阂，创造平等融洽的社会氛围。在权利保护和社会福利服务方面，要对暂住人口与本地居民平等对待。要注重以社区为依托，增强社区服务功能，特别是在暂住人口集中的地区开设社区综合服务中心，吸纳社会工作者这一专业助人工作队伍，结合原有街道、居委会工作人员力量，提供包括就业指导、技能培训、法律咨询、家庭辅导、儿童照顾等在内的社会福利服务，为暂住人口提供切合其生存发展需要的服务。这些社会福利服务作为一道安全网，可以缓解暂住人口在融入城市生活过程中面临的诸多生存发展问题，提升他们对城市的归属感和认同感，提升其福祉，进而也缓解他们在融入城市生活过程中引发的各种社会矛盾与问题。

第十讲

社会组织与社会自我管理机制

>>

改革开放以来，中国社会生活领域逐步放开，资源增多，体现最为显著的即是社会组织的迅速扩张，甚至能够用“社会组织爆炸”一词来概括形容。社会组织的发展有极深刻的社会现实根源，体现了中国社会转型期的需要。在经济发展的同时，社会矛盾凸显，社会经济改革所带来的“阵痛”成为国家的最大困扰，而近年来“维稳”成本增大充分显示了矛盾的广泛性及剧烈性。在此情况下，培育社会自我管理机制成为解决问题的重要出路，政府部门开始转变思路，从原先的一元化统治、二元化控制转向多元化治理。

《中华人民共和国国民经济和社会发展第十二个五年规划纲要》（以下简称《规划纲要》）第三十七章指出：“广泛动员和组织群众依法有序参与社会管理，培养公民意识，履行公民义务，实现自我管理、自我服务、自我发展。”自我管理、自我服务、自我发展充分肯定公民作为社会治理主体，其中以个体的公民意识培育、公民义务履行等为重要渠道。但个体总是分散的，难以形成一种行之有效的机制。第三十八章指出：“积极培育社区服务性、公益性、互助性社会组织，发挥业主委员会、物业管理机构、驻区单位积极作用，引导各类社会组织、志愿者参与社区管理和服务。”第三十九章指出：“坚持培育发展和管理监督并重，推动社会组织健康有序发展，发挥其提供服务、反映诉求、规范行为的作用。”社会组织成为联结国家与公民个体的重要渠道，成为解决问题的重要机制。

社会组织爆炸意味着社会自我管理机制的逐步确立，在本文中，我们将对该机制进行讨论，包括概念明晰、作用路径、现状、存在问题以及问题的解决思路等。

从定义上讲，社会自我管理机制可分为三个部分：社会、自我管理与机制。

社会在此并非大社会概念，不包括国家、市场等在内，而单指以公民社会①，强调公民个体依据一定的、成文或不成文的规则连接在一起的共同体。在这个意义上，社会自我管理特指公民社会自我管理，与国家、市场的治理区分开来。

自我管理指社会成员通过自治的不同形式管理自己的生活的过程，奥斯特罗姆夫妇发展了“自我管理”思想，其中有两个基本而又相当重要的前提：一是人类具有解决自身问题的能力；二是人类作为个体，其解决自身问题的能力又是相对有限的②。所以，自我管理必须上升为社会自我管理，而非个人微观的生活调节，以社会契约和协助为基础的“自我管理”社会由此成为公民自我管理及被管理的社会载体。将社会与自我管理联系在一起，社会自我管理是一定的社会成员从社会组织角度参加准备和实现有关整个集团的非常重要问题的决定而在形式和方法上表现出的总体③。社会自我管理与另外一个概念——社会自组织——很接近，强调在没有外在指令的情况下自我形成功能结构的过程。自组织即系统在没有任何外部指令或外力干预的情况下自发地形成一定结构和功能的过程和现象④，自组织过程即通过系统元素间已有联系的改建和新联系的形成而实现，特点在于系统的内在目的性及独立性⑤。所以，社会自我管理基本上等同于社会自组织，只有自我组织起来，才能达成较好的管理。社

①或称市民社会、民间社会等概念，几个概念都从英文civil society翻译而来，有所区别，但本文不作区分。

②江峰：《构建一种“自我管理”的社会——奥斯特罗姆夫妇学术思想评述》，《中国行政管理》，1996年第8期。

③〔苏〕达维久克主编：《应用社会学词典》，哈尔滨：黑龙江人民出版社，1988年版，第235—237页。

④金炳华主编：《马克思主义哲学大辞典》，上海：上海辞书出版社，2003年版，第377页。

⑤汝信主编：《社会科学新辞典》，重庆：重庆出版社，1988年版，第1235页。

会自我管理强调与国家、市场相对应的独立性，并以自我良性运转为其内在的目的性。

机制原指机器的构造和工作原理，运用于社会科学中用来表征事物或系统的内在机理、内在联系和运动规律[①]。社会自我管理是一种管理的方式及内容，强调公民社会自我运转的过程，社会自我管理机制即指公民社会自身运转的内在逻辑以及运动规律。我们可以从主体、客体、过程三个方面来考察社会自我管理机制：首先，社会自我管理机制以独立的社会组织为主体，强调公民个人自组织起来，以组织身份表达群体的诉求；其次，社会自我管理的客体又是公民本身，即自我组织起来，通过组织身份管理自己；再次，自我组织与公民自身的管理过程即是机制发挥作用的过程，充分显示社会组织的形成、发展与变化。

所以，本文将社会自我管理机制的分析置于其主体——社会组织上，讨论其现状、问题及创新思路，以此解释中国社会自我管理机制的情况。总体来说，中国的社会组织虽然在数量上急剧增加，发挥着越来越大的作用，但依然未能完全实现独立自主，自治的公民社会需要进一步增强。在此基础上，本文认为必须进一步厘清国家、市场与公民社会之间的关系，进而使公民社会成为真正的自我管理的公民社会。

一、当前社会组织管理现状

社会自我管理机制包括两个部分：正式与非正式的社会组织机制。前者指有明确规则、依一定的目的而建成的正式的社会组织，尤其是取得官方认可的合法性的组织，可以为统计数据呈现出来；

①刘文英主编：《哲学百科小辞典》，兰州：甘肃人民出版社，1987年版，第500页。

后者指未经过官方认可，没有比较严密的组织程序，自发形成的社会组织。社会组织发展的最终目的即在于自我管理的公民社会，它的现状包括两类社会组织的综合，对其分析不应顾此失彼。

（一）社会组织发展的现状

从20世纪90年代以来，社会组织数量增长迅速，出现了社会组织爆炸的状况，其中正式社会组织数能够统计到，而非正式组织数也在进一步发展。本文认为，我国的社会组织呈现出了三个特点：鱼龙混杂、形同质异、暗流涌动。

1. “鱼龙混杂”：重数量，不重质量，不均匀发展

民政部于1988年8月组建了社团管理司，开始承办全国性社团的审批工作，加强对社会组织的监控管理。1989年10月25日《社会团体登记管理条例》颁布之后，民政部开始清理整顿社会团体，用了两年多的时间对社团进行复查登记。如图10-1所示，从1988年到1990年民政部门基本未登记新的社团组织。但在1990—1992年，社会组织疯狂增长，1989年为4544个，而1990为10855个，1991年则为82814个，1992年达到154502个。这个数据是清理整顿及复查登记之后的结果，正式社会组织开始在《社会团体登记管理条例》下发展。1992年到1997年进入平缓发展阶段，但到了1998年，新修订的《社会团体登记管理条例》发布，更加严格，强化了双重管理体制，并大大提高了社团登记注册的门槛[①]。条例的预期制定及实施体现在1997—1999年社会组织登记数的减少上，1997年比1998年减少了3503个，而1998年比1997年减少了15718个，1999年又比1998年减少了22935个。到了2000年开始，社会组织迎来了新一轮的直线增

①何建宇等：《中国式的社团革命——对社团全景图的定量描述》，高丙中、袁瑞军主编：《中国公民社会发展蓝皮书》，北京：北京大学出版社，2008年版。

长，到2009年达到43. 1069万个之多。

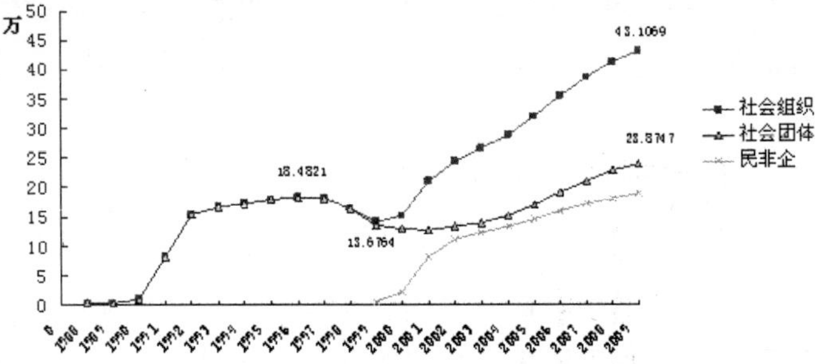

图10-1　在民政部门登记在册的社会组织、社会团体、民非企数量

数据来源：http://www.chinanpo.gov.cn/.

（注：从2000年开始，统计数据将社会组织、民非企分开；从2003年开始又将基金会跟社会团体分开。）

由此，正式组织的登记及数量的增长很大程度上受正式的社团管理条例的限制，国家通过管理条例的完善使社会组织纳入到管理范畴中。但这43. 1069万个社会组织又是如何分布的呢？在不同的地方社会组织的活动程度如何？这些社会组织又大概分布在什么活动领域？

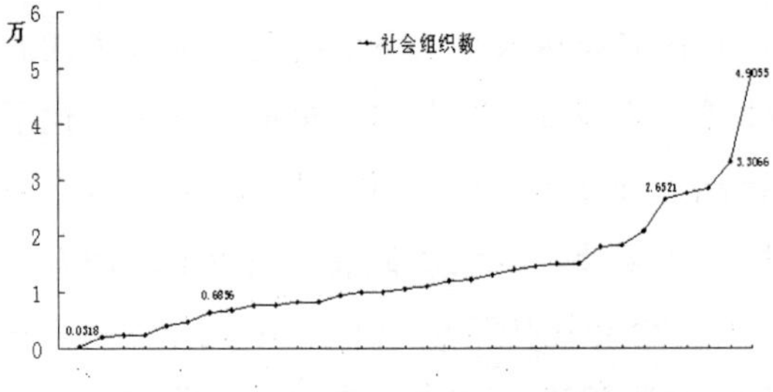

图10-2　社会组织在不同省份的分布

数据来源：http://www.chinanpo.gov.cn/.

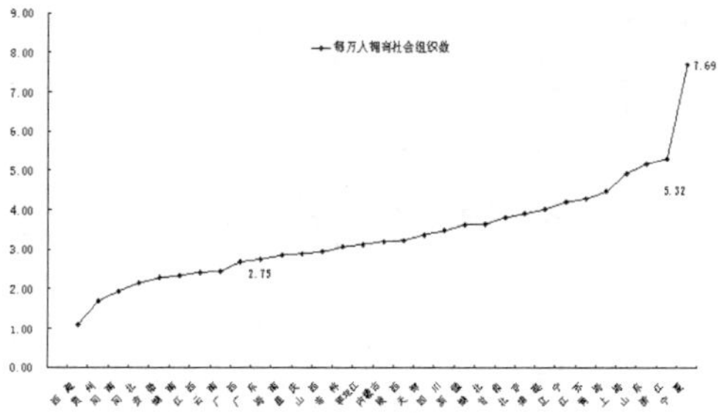

图10-3　每万人拥有社会组织数在不同省份的分布

数据来源：http://www.chinanpo.gov.cn/，《中国统计年鉴2010》。

图10-2显示了不同省份社会组织发展的不均匀，其中山东社会组织数最多，其次为江苏、四川、浙江、广东（2.6521万），而西藏最少。调整数据为每万人拥有社会组织数时，情况则发生了变化，宁夏由于人口少，每万人拥有社会组织数跃居第一，而北京、上海作为人口密集的大城市，每万人拥有社会组织数也上升到第四和第九位，充分显示了两地社会组织数的众多。

事实上，越接近地方，越往下接近基层，就越接近会员以及潜在的会员群体，就更为符合社会自我管理机制的直接范畴。据相关研究表明，在1998—2001年的整顿中，县级社团受到了比其他三级社团更大的冲击，2000年时所占比例降到最低[①]。但整顿之后，县级社团开始活跃，如10-4所示，在近年来县级社团的比例在逐步扩大，而地级社团有缩小的趋势。

①何建宇、王绍光：《中国式的社团革命——对社团全景图的定量描述》，高丙中、袁瑞军主编：《中国公民社会发展蓝皮书》，北京：北京大学出版社，2008年版。

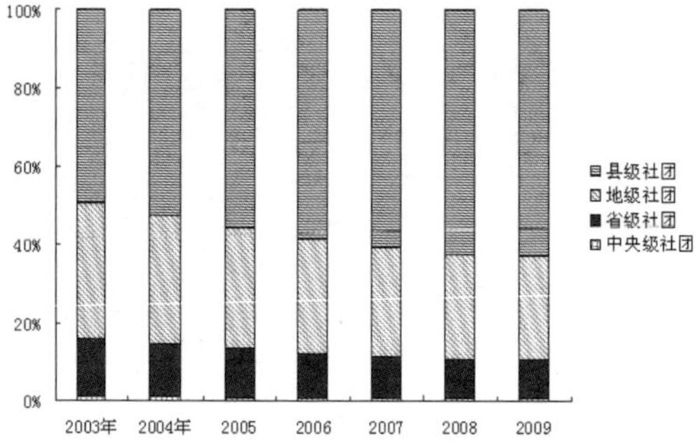

图10-4　近年来注册社团组织在不同行政级别中的分布（2003—2009）

数据来源：http://www.chinanpo.gov.cn/.

民政部按照社会组织性质，将社会团体划分为专业性社团、行业性社团、学术性社团、联合性社团、港澳台社团、外国商会、其他类别，其中联合性社团、港澳台社团、外国商会数量较少，以另外四种为主，图10-5呈现出四类社团的比例分布状况，专业性社团、行业性社团比例相当，这些社团组织都是在《社会团体登记管理条例》管理下较为容易成立的。

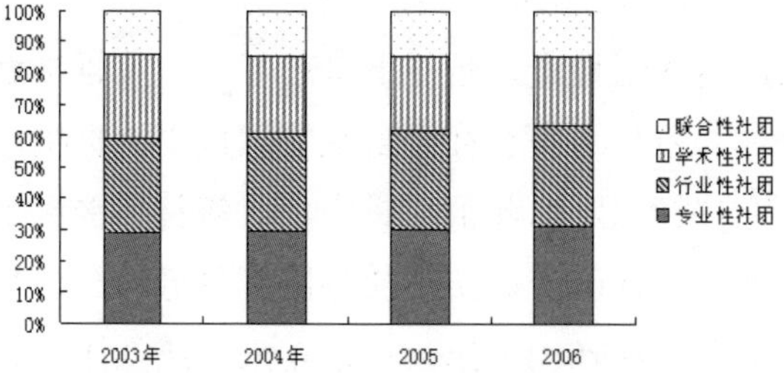

图10-5　近年来社团的类型变化

数据来源：http://www.chinanpo.gov.cn/.

社会组织在活动领域中也呈现出了极其不均匀的发展，48.67%的社团组织处于教育行业，而社会服务与卫生行业占14.5%左右，注册社团的数量及比例直接反映了国家对于社会组织的偏好。

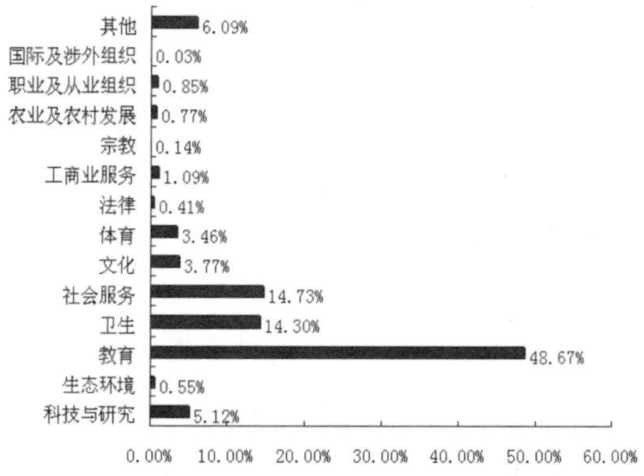

图10-6　2009年注册社团的活动领域

数据来源：http://www.chinanpo.gov.cn/.

社会组织数量的极大发展是20世纪90年代以来社会领域逐步开放的直接结果，体制外资源的增多带来了社会组织的繁荣，但数量的增加并非意味着社会自我管理机制的完善。社会组织数量膨胀，但在组织的规模、能力方面却稍显欠缺，未能承担其自主、自治的很多重要的功能。并且，社会组织的分布领域主要集中于教育等职能行业，而非纯粹意义上的自我管理机制的代表。另外，由于与政府错综复杂的关系，很多社会组织出现了“形同质异”的状况。

2. “形同质异”：社团组织的自主性

社会自我管理机制强调公民自组织起来，管理自身的生活，以达成自治，其重要的特征即是独立于政府和市场企业之外，但在现阶段《社会团体登记管理条例》的管理之下，组织自主性普遍受到政府尤其是业务主管部门的干涉①。在何建宇、王绍光的调查中，民

①何建宇、王绍光：《中国式的社团革命——对社团全景图的定量描述》，高丙中、袁瑞军主编：《中国公民社会发展蓝皮书》，北京：北京大学出版社，2008年版。

间自发成立的社团只占到14%，绝大多数是由业务主管部门发起成立或相关政府机构脱钩而来的，这就导致了社会组织的非独立性，其自我管理机制的作用未能显现出来[①]。

沈原用“制度的形同质异”来形容中国社会团体的发育，他以中国青基会作为案例详细剖析了体制内正式组织“变形记”的过程[②]。中国青基会是中国社会规模最大的社团组织之一，成功地经营了“希望工程”等项目，它的母体是中国共产主义青年团，是作为共青团组织“体制改革”的直接产物而来的。这种特性使青基会具有较强的体制依赖，体现为体制等级依赖、组织架构依赖、产权依赖、社会网络、社会信任依赖等。从形式上看，青基会是社会团体法人；而从本质上看，却是不打折扣的政府组织的延伸。有学者以广东省Z市青年联合会为例，按照章程规定，该联合会是在中共Z市市委领导下的Z市基本的人民团体之一，以共青团为核心力量的各青年团体的联合组织。该会是参加Z市政治协商会议的人民团体之一，不用在民政部门登记。青年联合会是一个典型的官方社团组织，但在转型过程中，实现了“准NGO化”，由原先严格的官方控制转向部分的自主。[③]

像青基会、青年联合会之类的社会组织不在少数，还有中国红十字会、中国计划生育协会、个体私营协会、中国消费者协会等若干准政府团体等，呈现出了国家法团主义下的社会组织状况，这出于对中国本土情境的判断：首先，中国公民生活在一个国家法团主义式的制度环境中，政策制度的实施推行等主要依赖国家政府的力量来完成；其次，国家对公民处于强控制阶段，没有将社会释放出

①何建宇、王绍光：《中国式的社团革命——对社团全景图的定量描述》，高丙中、袁瑞军主编：《中国公民社会发展蓝皮书》，北京：北京大学出版社，2008年版。

②沈原：《市场、阶级与社会——转型社会学的关键议题》，北京：社会科学文献出版社，2007年版，第310—320页。

③Z市青年联合会是中华全国青年联合会的一个地方性组织，参见庄晓东：《转型期中国官方社团的组织变迁——基于Z市青年联合会的个案研究》，中山大学2007年博士论文。

来；最后，民间组织挂靠制是国家对社会强制的制度安排[①]。社团空间的监管体系具有强烈的国家法团主义特性，高度强调国家控制，同时在社团的唯一性、代表性、垄断性等方面，都有较为严格的限制，中国社会团体监管框架具有以下法团主义特征[②]：

法团主义特征	1998年《社会团体登记管理条例》的有关条款
1. 任何社会领域或类别中社团数量有限甚至唯一，从而具有非竞争性	第13条规定：在同一行政区域内已有业务范围相同或者相似的社会团体，新申请不予批准
2. 社团以等级体系方式建立	第19条规定：社会团体不得设立地域性分支机构
3. 国家组建或垄断性认可	第2条规定：社会团体可以公民自愿组成；第9条规定：申请成立社会团体，应当经其业务主管单位审查同意
4. 国家行使控制权	第27条和第28条规定：社会团体受到登记机构和业务主管机构的双重监管

在这种情境下，社会组织对政府有强烈的路径依赖，是社会团体本身发展的生存需求，但对于公民参与等良性的互动起着极其不

①陆春萍、邓伟志：《民间组织研究的多维理论视角析评》，《南京社会科学》，2007年第7期。
②顾昕：《公民社会发展的法团主义之道——能促型国家与国家和社会的相互增权》，《浙江学刊》，2004年第6期。

利的作用。正式的社会组织需要得到政府的同意而维持本身的合法性，以部分的自主性为代价，这些社会组织未能完全自治，但却比政府部门更能接近公民，充当了政府与公民之间的中介。在登记在册的合法性社会组织之外，非正式草根组织在中国公民社会自我管理机制中发挥着越来越重要的作用。

3．“暗流涌动”：非正式组织的潜在发展

在城市的很多角落或农村社区中，存在着大量的草根社团，这些非正式组织包括读书会、合唱队、郊游俱乐部、体育协会、宗教团体、兴趣团体等，据何建宇、王绍光非正式的统计，在2004年有80万家左右的草根社团①。这些草根社团虽然没有正式、健全的组织结构，有较强的流动性，但却更为直接地与公民个体相联系，有更强的自主性和自发性。非正式草根组织往往是公民志愿组织起来的，充分体现了社会自我管理的机制。

以2007年笔者在深圳某区关于公益性团体的调查为例，此次调查包括该区的29个公益性团体，主要为非正式的草根组织，活动领域主要集中在以下几个领域：（1）“文化、艺术”（25个团体）；（2）“体育、健身、娱乐”（20个团体）；（3）“社会服务或义工活动”（22个团体）；（4）“社区发展”（15个团体）；（5）“行业、学术协会”、“养老、敬老”、“就业培训”、“环境保护”。图10-7显示，这些草根组织的主要日常活动主题有宣传教育、情感交流以及提供居民日常服务等，草根组织不仅以初级群体的姿态给社区居民和团体成员提供情感依靠的港湾，同时在处理日常事务工作中，也辅助政府职能部门完成了“次级群体”所能承担的一些工作。

①何建宇、王绍光：《中国式的社团革命——对社团全景图的定量描述》，高丙中、袁瑞军主编：《中国公民社会发展蓝皮书》，北京：北京大学出版社，2008年版。

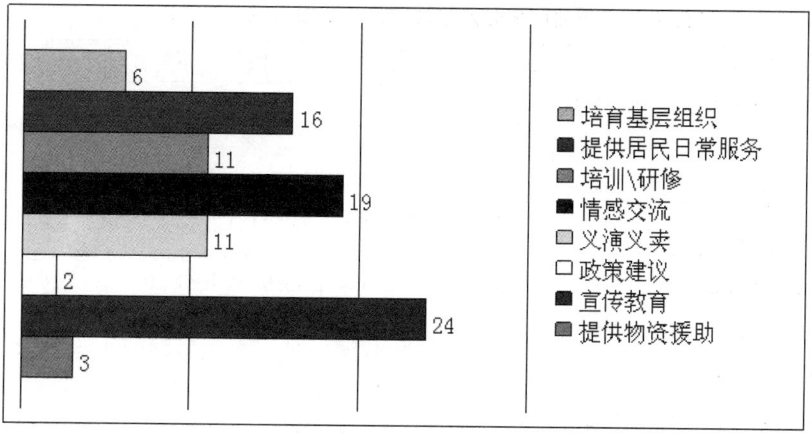

图10-7　深圳某区29个公益性团体的服务领域

非正式组织都是开放与半开放的，个体进入团体的过程也是个双向考察与选择的过程，团体以其志愿性、服务性等为吸引社会成员的指引，而社会成员更看重在草根组织中的参与性与自我实现。公民个体通过参与草根组织，与其他成员联系在一起，形成较大的社会网络，也能够较好地满足自己的需求。

美国霍普金斯大学萨拉蒙教授认为非政府组织必须具备如下五个特点：非政府性、非营利性、自治性、志愿性、组织性。非正式组织在前四个特性上都比正式组织更强，充分体现了公民社会的自治空间。在发展过程中，某些地方政府也开始有意识地培育草根组织，但其管理过于细节化，没有给足这些组织自行发展的空间。另外，资源不足、团队专业能力不强等也是草根组织所面临的严峻问题，严重制约了非正式组织的发展。而为了克服这些问题，某些非正式组织也逐渐有正式化的趋势，进而使得正式组织、非正式组织、政府部门、市场企业等的局面显得更加错综复杂。

表10-1　深圳市某区公益性团体（草根组织）成员调查

各种因素	非常重视	重视	一般	不重视	非常不重视
1. 团体的公益性社会服务	35.79%	40.00%	23.16%	1.05%	0.00%
2. 在团体内能自由地考虑安排自己的工作	10.00%	44.74%	36.84%	7.37%	1.05%
3. 团体提供的经济收入	9.63%	21.39%	36.90%	26.20%	5.88%
4. 团体在社会上有影响和好名声	34.21%	39.47%	24.21%	1.58%	0.53%
5. 自己的工作确实能为团体发展做贡献	28.95%	41.58%	26.32%	3.16%	0.00%
6. 能够不断学习新的东西	41.36%	47.12%	10.47%	1.05%	0.00%
7. 充实业余生活	32.98%	47.64%	17.80%	1.57%	0.00%
8. 能够尝试比较有挑战性的工作	24.21%	36.84%	28.42%	10.53%	0.00%
9. 扩展交际圈	21.47%	42.93%	29.32%	5.24%	1.05%
10. 有晋升职务或职称的机会	7.45%	24.47%	42.02%	18.62%	7.45%
11. 能在工作中充分发挥自己的技术和能力	23.68%	45.26%	23.68%	6.32%	1.05%
12. 做好了工作，能够得到人们的充分认可	24.08%	41.88%	29.32%	4.19%	0.52%
13. 团体提供的福利待遇	7.89%	22.11%	43.16%	22.63%	4.21%
14. 与志同道合的人一起工作	19.37%	50.79%	23.04%	6.81%	0.00%
15. 团体工作的稳定性	18.95%	44.21%	31.05%	4.74%	1.05%
16. 工作条件和环境	15.79%	33.16%	43.68%	6.32%	1.05%

（二）社会组织的作用

社会组织的发展是社会自我管理机制的要求，是公民个体之间的关系纽带转型的结果。改革开放以来，国家、市场与公民社会之间的关系不断调整，公民社会的自我组织功能逐步释放出来。作为社会自我管理机制的主体，社会组织发挥着极大的作用。

1. 联结政府部门与公民个体

社会自我管理机制的发展与完善，使政府部门免于直接面对公民个体，而在政府与个人之间筑起了一个缓冲地带，社会组织成为缓冲地带的主体。社会组织在此是政府部门与公民之间的中介，成为二者之间信息传达的中间人。

2. 提高社会整合力度

在单位制解体之后，基层的社会整合力度降低，政府难以将公民整合起来，而导致社会失范的产生。社会组织替代了单位的作用，成为社会整合的有利组织，成为社会网络的有力建构者。公民参与社会组织往往是由于组织的公益性、志愿性等崇高的目标，这些目标成为指引社会整合的重要的“灯塔”。

3. 公民参与的最重要渠道

个人生活于社会之中，除了家庭、单位之外，社会组织给公民提供了重要的参与社会事务的渠道，如公民参与社区草根组织，通过参与实现邻里之间的和谐、志愿服务的提供、公共利益的维护以及各种文体活动的开展等。

4. 公民提出利益诉求的渠道，是处理社会矛盾的手段

转型阶段是社会矛盾频发的时期，围绕着各种各样的经济利益，不同的社会主体展开了争夺。社会组织将个人整合起来，为个体提供利益诉求表达的渠道，通过社会组织的参与将利益诉求传达到政府或不同的企业处，进而以协调、合作的方式将社会矛盾解决。

5. 培育公民美德

公民美德是公民社会重要的品质，就社会成员之间的行为而言，公民社会是一个具有市民认同（civility）的社会[①]。市民认同强调对个人的规约行为对民主建构的作用，如无最低程度的公民美德，一个良性的公民社会亦不可能建构起来。实质性市民认同是公民社会的美德，意味着对个人利益的约制，以及将共同利益置于首位。公民美德需要通过参与来培育，而社会组织则是公民美德培育的最重要的场域。在社会组织中，高市民认同的个体能够将这种品质辐射到低市民认同的个体的认知中，进而逐步提升整个社会的公民美德，使社会更加和谐、美好。

（三）社会组织发展的动力

社会组织的发展是在与政府部门、市场企业等不断互动中进行的，自我管理机制也就意味着从原先他人管理过渡到自我管理。在这个过程中，政策的推动作用、市场经济的推动、公民自下而上的要求等方面是其社会组织发展最主要的动力。

1. 政府转型的要求

20世纪90年代以来的两次社团的整顿都直接导致了社会组织数的起落，政府在这两次整顿中建构起了经济重心主导下的严格管理，视为确保经济顺利、快速发展的手段，民间组织的从严从紧管理使社会组织并未有太多的自主性。但2002年以来，政府第二次转型，从经济建设转向公共服务型，直接带来了社会组织管理的新变

①〔美〕希尔斯：《市民社会的美德》，邓正来、J. C. Alexander编：《国家与市民社会》，北京：中央编译出版社，1998年版。

化，使其步入新的发展阶段①。在这个阶段中，社会问题频繁发生，政府部门不可能涉及到各个方面，进而开始逐步让渡出社会服务的功能，以政府购买服务的方式，有意识地培育社会组织，由其完成自我管理的职能。这些政策的转变有效地促进了社会自我管理机制的塑造，是社会组织发展的重要原因。广州、深圳、佛山、东莞等地的政府购买社会工作服务都已经进入实质性的开展阶段，有效地推动了社工NGO的发展。

2．市场经济的推动

政府转型的根本动力也源于市场经济的推动，市场经济的发展已经全面改变了中国公民的生活，进一步改变了公民的生活方式。但在经济发展过程中，政府部门与市场并未很好地满足公民社会服务的需求，进而需要社会组织来承担部分社会服务的功能。另一方面，市场经济带来了体制外资源的增多，这也为社会组织的发展创造了较好的条件。

3．公民参与的要求

公民是在参与中存在的，个体通过参与不断地提升自己的市民认同，并使自己融入到社会中去。社会组织的发展是公民本身参与的需求，自下而上的要求相对应于国家、市场来说更是一种内在的动力，推动着社会自我管理机制的建立与完善。在市场经济发展过程中，社会矛盾的发生要求公民整合起来，以整体的名义表达利益诉求，而社会组织成为这种利益表达的最重要渠道。

二、中国社会组织发展的困境

社会自我管理机制即是社会自组织机制，充分体现了公民个体

①袁瑞军：《政府转型对民间组织管理体制的影响》，高丙中、袁瑞军主编：《中国公民社会发展蓝皮书》，北京：北京大学出版社，2008年版。

联合起来、管理自身社会生活、干预公共事务的要求。社会组织作为社会自我管理机制的载体，虽然发展迅速、数量众多，但存在着诸多的问题，并未能达成完全的自治。在发展过程中，社会自我管理机制呈现出了国家、市场与公民社会之间强烈的张力，被有选择性地重新界定，并使之更加不均匀地发展及“形同质异”。

（一）制度的困境：自组织（结社）的自由与实际的管制

宪法层面关于结社自由权的规定包括我国《宪法》、《香港特别行政区基本法》、《澳门特别行政区基本法》等关于公民自由结社的规定，还包括我国参加的国际公约关于公民自由结社的规定。但我国《宪法》不具有司法的功能，没有违宪审查制度，而国际公约等在国内实施又具有诸多限制[①]，这些限制导致自组织（结社）的自由形同虚设。

到了特别法层面，现行最为重要的规范社会组织的条例有：《社会团体登记管理条例》、《民办非企业单位登记管理暂行条例》、《基金会管理条例》等。但这些条例给社会团体加了诸多限制，尤其是社会团体的“双重监管”，实际上是阻止社会团体的登记与合法化，阻碍社会组织的发展。

在广东省层面，2006年出台了《关于加强社区民间组织培育发展和登记管理工作的指导意见》，适当降低了民间组织的注册“门槛”，如社区社团的注册经费，国家规定要3万元，广东省是不低于1万元，社区民办非企业单位不低于2万元，社团人员方面国家规定是50人，广东省是20人以上。但即使这样，在我们的调查中发现，多数草根社团的负责人仍感到新社团成立的“门槛”之高。登

①税兵：《明渠与暗道——转型社会时期的中国非营利法人制度》，高丙中、袁瑞军主编：《中国公民社会发展蓝皮书》，北京：北京大学出版社，2008年版。

记“门槛”高，证件繁多，涉及多个部门，多头管理，同时还存在一些部门之间下发文件时各行其是，缺乏沟通和协调，在基层实际操作中常常会出现一些政策交叉的矛盾，这给发展社区民间组织、促进社会自我管理机制的建设带来了诸多的限制和监督管理上的混乱。不少草根社团认为自身规模小，达不到依法登记条件，民政部门或工商部门的注册登记“可有可无”，因而也没有纳入街道或居委会的有效管理。

社会组织数量的多少在一定程度上反映了一个国家和地区文明民主的发展程度。发达的民主国家中每万人拥有的非营利组织（NPO）的数量明显高于其他国家，如法国每万人拥有的非营利组织数达110.45个，日本为97.17个，比利时为80.39个，美国为51.79个。而中国即使到了2009年，每万人拥有的社会组织（包括所有社会组织）数量仅为3.23个，广东省为2.75个，这个比例远远低于发达国家。

正式社会组织登记的门槛高使体制外的非正式组织发展，在现实社会生活中，缺乏政府资源的民间组织只能游离于法律秩序之外，自生自灭，难以壮大，被压抑的结社需求唯有在法律框架之外寻求释放，从而出现秩序的紊乱和规范的缺失[①]。而在这过程中，政府始终以怀疑的态度对待社会自我管理的组织，用严苛的制度限制其发展，最终导致了其与自组织起来的公民社会组织长期处于一种张力之中，未能达成公民社会的自我良性运转。

（二）社会组织的科层化与非正式组织规范不足同时并存

在现阶段的正式社会组织中，由于前述制度的限制，对于合法

①税兵：《明渠与暗道——转型社会时期的中国非营利法人制度》，高丙中、袁瑞军主编：《中国公民社会发展蓝皮书》，北京：北京大学出版社，2008年版。

性的保持要求他们尽可能在政府的指导下活动，甚至将某些科层等级制度挪移到社会组织中来，实现了社会组织的科层化管理。在何建宇等人的抽样调查中，49%的社团常务负责人来自于政府机关，33%来自于事业单位①，这些常务负责人掌管社团之后，进一步地将某些科层化的规则带进社会组织之中，实现社会组织的规范化。而在运作中，有61%的社团“相对独立，但承担业务主管单位委托的部分职能并受其领导”，有21%的社团“完全从属于业务主管单位”②。这些都是在现行体制中社会组织存在合法性的要求，而只有通过对科层体制规范的采纳才能获取更多的资源，获得更大的发展。但相对应的，社会组织也违背了某些公民社会组织的原则，出现了形同质异。

获得迅速发展的社会组织比例不高，更大比例的正式社会组织及游离于体制之外的非正式组织面临着严重的规范不足的困境，社会资源欠缺，组织发展缓慢，时刻面临着被取消的危险。在笔者之前调查的草根社团之中，团体的规范是严重不足的，进而导致其自我发展能力的欠缺。大量的文体组织规模较小因而资金筹措能力较低、动员社会资源能力弱，这些都是诸类公益性团体在发展过程中面临的瓶颈。同时，由于团队的团员专业水平不够强，且学历水平普遍偏低，导致了开展的活动质量不高，以至于影响了团体在居民中的认同度和影响力。

（三）社会组织未能真正满足公民的需求

政府在给公民提供服务时，主要考虑服务的普遍性，这就不可避免地出现未能满足特殊人群，而出现“政府失灵”的情况；市场

①何建宇、王绍光：《中国式的社团革命——对社团全景图的定量描述》，高丙中、袁瑞军主编：《中国公民社会发展蓝皮书》，北京：北京大学出版社，2008年版。

②何建宇、王绍光：《中国式的社团革命——对社团全景图的定量描述》，高丙中、袁瑞军主编：《中国公民社会发展蓝皮书》，北京：北京大学出版社，2008年版。

在给消费者提供服务时，主要考虑利润最大化的情况，很容易出现“市场失灵”的状况；而大多数社会组织的非营利性、自组织性、目的性使其较好地克服上述的失灵状况，这正是社会组织存在的必要性之一。

但在双重监管体系的合法性要求下，社会组织有意识地承担起了部分政府延伸的任务，以维持自己与政府之间的关系，对于其他业务也有选择性地提供，这种特性使其很多时候出现提供服务与社会成员需求不相一致的矛盾。

在非正式组织中，规范的不足、资源的缺乏等也使其难以提供真正符合需求的服务，草根组织提供的服务与居民需求的满足之间存在一定的差距，其服务对象的辐射力不强，参与面不宽，难以扩大自己的社会影响力。在笔者2007年的调研中，18.5%的居民未认可公益性团体的服务，其原因有：自己可以解决（43.5%）、程序太繁杂（37.9%）、怕麻烦别人（35.5%）和团体提供的服务达不到我的需求（28.2%）等，有效便捷的公益产品与服务供给不够。另外，接受团体服务的群体大多为中老年人，青年群体参与公益性团体的积极性和热情不高。在这种状况下，36.2%的居民未感知到社区内公益性团体的存在，52%的居民没有参与过志愿者活动，64.5%的居民未接受过公益性团体的服务。

（四）社会组织的自治性欠缺：公民参与不足

社会自我管理机制最重要的特征是自治性，但作为该机制最重要的载体——社会组织在自治性方面是明显欠缺的，这也是社会组织监管体系的必然结果。政府未给足社会组织自行发展的空间。主要体现在：

一是对社会组织的活动内容及频率要求过多，社会组织的活动基本上是按照政府意志来开展。广州市F街社区非营利组织遇到的第一个问题即是行政干预，工作人员说："有个问题就是政府做的事情太多，什么事情都是政府去做，时间久了老百姓就认为事无大小都是政府分内的事，跟他们没有关系"。①

二是对社会组织内部管理参与过多，如前面提到的在政府部门或事业单位领导下开展活动；有许多社会组织是由政府原来一些部门转化而来的，或是一些政府机构直接创办的，组织的负责人也是由政府出面指定的。

三是社会组织对政府的依赖性过多，自主性不强。这种状态不利于公民责任意识的培养与参与能力的提高，不利于非政府组织发挥其应有的社会责任，也不利于政府职能的转变。如F街道虽然开展了诸多义工活动，但义工人数有限、参与不足始终是其面临的较大问题；社区非营利组织存在非正式运作的问题，在日常运作中缺乏一个合法的身份，在与街道的关系上也界定不清楚。

自治性问题是政府部门与社会组织之间如何协调和定位的问题，这一矛盾又突出地表现在以下两个主要方面：一方面是政府对社会组织管理过多，但给予的资助又不够，主要是给予场所与经费不足；另一方面，社会组织认为政府管理过多，制约了其自由发展，但由于场所与资金的短缺或来源不足，因而对政府的资助又有着强烈的依赖情结。

社会组织自治性不足一个直接的后果是社会成员的参与不足，社会成员未能在组织中通过自身的努力获得需求的满足，也不能影响组织的发展，在参与意愿方面明显欠缺，这是社会自我管理机制

①刘敏：《社会资本与网络化贫困治理——基于广州市F街的研究》，中山大学2009年博士论文。以下F街的资料均出自该论文，F街地处广州市荔湾区老城中心区，是著名的西关地带。1996年，街道成立WC慈善会，发动社会各界参与扶贫助困，整合社会资源，协助社区贫困人口。从1998年开始，街道与香港邻舍辅导会、国际服务社等机构合作，通过自办、民办和合办等方式，先后成立康龄社区服务中心、邻舍展能中心、青少年服务中心和穗港服务中心，为辖区内居民提供多层次、全方位的帮助和服务。F街是全国示范街道，在社区组织发展及社区服务诸多方面有极强的示范作用。

的悖论，也是亟需改善的重要方面。

三、积极推进社会组织的健康发展

在社会经济快速发展的现阶段，社会自我管理机制的建立和完善具有非同寻常的意义，是社会良性运转的重要条件。在以上现状及问题分析的基础上，我们认为促进社会组织的健康发展是一项艰巨而复杂的系统工程，既要在体制上着手，建构良性的政策氛围、社会文化环境，又要从社会组织本身入手，加强组织自身的建设。这个工程需要社会多方主体的共同努力、有条不紊地推进。在当前及今后很长一段时间中，笔者认为应该以培育发展为主，将社会组织纳入治理范畴，积极推进社会组织的健康发展，使其成为建构和谐社会的自治主体。

（一）制度氛围：转变思路，转“监控”为“引导”

由于我国社会组织发展正处于最初阶段，政府将其纳入有效监管的范围内，严格控制其活动的范畴。一方面，这种监管使登记在册的社会组织规范化地发展，能够成长壮大；另一方面，更多数的社会组织难以跨过登记的门槛，而成为体制外不安的力量。所以，政府应该根据和谐社会建设的要求和社会管理的规律，积极主动地营造社会组织发展的良好环境，并在管理的同时将社会组织纳入治理的主体中来。

1. 转“监控”为“引导”

现阶段，社会组织的发展首先要解决的问题是政府对社会组织的观念，要从原先的统治向治理过渡，降低社会组织的门槛，转而对社会组织的活动过程进行引导。

一是由原先政府是统治的唯一主体向社会治理主体多元化观

念的转变。社会成员本身并非是被动接受服务的，而是能够积极、主动地参与到自我管理的社会生活中来的。在现阶段，我们应该建立一种“强国家、强社会”的模式，而非以往的“强国家、弱社会”。政府并非万能的，也不是唯一的主体，现阶段社会治理的主流是向多元化主体方向发展，这也是市场经济发展的要求。社会自我管理机制是人们满足自己需要的重要并且有效的方式，政府应当充分发挥社会成员的积极性，使他们学会运用各种团体的功能很好地为自己和社会服务。所以，政府应该逐步放松控制，而不是反其道而行之。

二是由门槛限制向过程管理转变。过高的门槛限制对于社会组织发展本身是不利的，但对于登记在册的社会组织活动过程本身却缺乏管理，前者压抑了社会成员结社的意愿，而后者又使社会组织处于无规范状态。在此情况下，政府应当放宽门槛，尊重公民的自组织意愿，从控制转向引导，使社会组织进入一个良性的运转状态之中。

2．健全相关社会组织管理政策

一是除了降低门槛之外，对游离于体制之外的非正式组织也必须有一些管理措施。政府应该尽快制定出一套弹性、多元化的管理体系，对社会组织的发展给予支持。通过降低门槛，使一些组织具有合法地位，对某些组织提供财政、税收等各方面的优惠，鼓励社会组织的发展。

二是政府应当加大政府购买社会服务力度，将更多的社会职能让渡出来，由相应的社会组织承担，进一步鼓励社会组织的发展。在这方面，可以建立培育服务型登记管理制度。

三是加强对社会组织的引导，针对组织的活动内容进行培育，建立一套兼容并蓄的活动指引制度。

四是健全资助型税收制度。资金的短缺是公益性团体发展最大的“瓶颈”。而健全资助型税收制度是保证这类组织运作资金充足的一个重要手段。在社会经济发展、政府财政汲取能力提升的同时，政府应该加大对社会组织的培育力度。

（二）社会自治的文化氛围：社会志愿精神的营造

社会自我管理机制最重要的特征是自我管理——自治，而其重要性的根本在于现代社会转向自治型的社会，而非以往的专制、集权社会。社会自我管理机制要成功，除了制度环境的改善之外，关键在于社会成员的参与，培育一种参与的社会文化氛围，让“参与”运转起来。

一是公民美德的塑造。公民美德强调公民对于社会事务的参与，是一种参与的美德，我们要培育一种真正意义上的公民意识。在这点上，政府要逐步改变传统的统治文化，转而加强对公民的教育，将臣民文化转化为公民文化。公民美德是社会健康发展的重要基础，这是社会与人的现代化的要求。公民美德要求推己及人，将公共利益置于第一位，随时有可能为了公共利益而抑制自己的个人利益。

二是公民文化氛围的营造。公民文化氛围强调社会成员公民美德从个人推及群体，培育一种志愿参与的氛围。社会志愿精神是社会自我管理机制发挥作用的重要基础，社会组织首先需要高市民认同的公民参与其中，逐步向外辐射。当一种良性的公民文化氛围养成之后，个体也就会自然而然地参与到社会事务中，进而促进社会自我良性运转。公民文化氛围的营造并非意味着与政府的对立抗争，一个有良好公民文化的社会，同时必定意味着公民与政府的良好合作，这成为社会组织发展的不可或缺的微观环境。总而言之，虽然在改革开放以后我国公众参与公共事务的积极性空前高涨，但是我国目前的公民政治参与还是较不成熟，这种不成熟性也会给公益性团体的发展带来某些消极的影响。因此，我们应该全力为公民参与文化营造法治化的氛围，建立“有序”的公民政治参与。

（三）社会组织自身建设：规范及能力建设

完善的社会自我管理机制需要大量专业化程度高、目的性强、结构功能完备、良性运转的社会组织。在制度环境改善、社会文化氛围营造的外部结构基础上，社会组织自身规范的建立以及自身能力的建设成为重中之重。归根到底，社会组织的弱化也即意味着社会自我管理机制的失败。为了解决前面提到社会组织本身能力不足、资源不足、规范不足、社会公信力低等诸多问题，从根本上扭转趋向失败的局面，我们必须从组织自身的能力建设入手，建立一套有效的内部管理机制，进而有效地运作组织以实现组织的功能性目标。

1．明确社会组织的规范，树立崇高的宗旨意识

社会组织的规范是使组织活动有章可循的重要基础，只有形成了一定的规范，社会组织本身才能够良性地运转下去，才能将宏远的目标具体化为一个个小的具体目标，逐步完成。前述提到，现阶段社会组织存在着规范过度或者规范不足的二重问题，对于科层化的社会组织本身，需要强调公民社会自治的属性，由社会组织自我运转，而非从属于政府；而对于规范不足的草根组织，必须逐步建立一套规章制度，摆脱原初发展的随意性。

崇高的宗旨意识是社会组织发展的根本动力，宗旨是社会组织存在的基础和发展的灵魂。现阶段，社会组织不良很大程度上跟其自身的认知和定位不明确有关系，社会公信力的弱化也是其社会责任感弱化的必然结果。缺乏宗旨意识使社会组织缺少内在的动力和行动目标，激励不足，从而社会组织本身也是被动地发展，后劲不足。为了改变这种问题，必须重塑社会组织的使命感，使自身实现体制和观念上的双重革命。社会组织首先要提升宗旨意识，明确自身的社会治理主体定位、自我组织的重要性，进而完善组织的制度化建设，改善法律制度环境，使其真正成为具有自主性的自治组织。

2．社会组织成员的能力建设

社会组织是社会成员自我管理机制的载体，归根到底是人的活动组织，一个社会组织能否发展，主要看组织成员的能力如何。在一些社会组织中，尤其是非正式的草根组织，存在着从业人员复杂、不具有专业素质和技能、缺乏现代化的管理经验和服务现象。政府应帮助和督促其从业人员进行专业培训，提高从业人员的专业知识和服务职能。

3．社会组织的资源拓展

资源不足是社会组织中普遍存在的问题，直接导致了社会组织的生存问题，活动难以为继，更不用说组织的发展壮大了。体制外资源的增多是社会组织发展的前提条件，而社会组织一旦建立起来，又常常面临资源匮乏的瓶颈。如何建立多元的筹资渠道，同时也要保持组织自身的公益性质，是社会组织发展的关键。一方面，社会组织要积极完善使自身规范化，提升自身实力，在政府购买服务扩大时，争取获得政府的支持；另一方面，在不放弃独立、非营利立场的同时，努力使自身的资源来源多元化，开展各种各样的经营活动，以获取发展的空间。